LES VRAIS PRINCIPES

DE LA LECTURE,

DE L'ORTHOGRAPHE,

ET

DE LA PRONONCIATION

FRANÇAISE;

Par M. VIARD.

NOUVELLE ÉDITION,

REVUE, CORRIGÉE ET AUGMENTÉE D'UN GRAND NOMBRE
DE PIÈCES DE LECTURE, ETC.

A NISMES,

Chez GAUDE fils, Imprimeur-Libraire, grand'rue.

1818.

INSTRUCTION

Pour les personnes qui enseignent à lire.

ON ne s'est pas assez appliqué jusqu'ici à faire connaître aux enfans ce que chaque lettre est en elle-même. La première attention que l'on doit avoir, c'est de déterminer le son propre à chaque lettre. On leur a donné ici une dénomination particulière, afin de mieux faire sentir l'inflexion de voix que chaque lettre exige, et qui la distingue d'une autre lettre à laquelle elle serait unie.

On a mis à côté de chaque consonne de l'alphabet, le son simple ou double qu'elle doit avoir.

La dénomination qu'on a donnée aux consonnes n'est pas une nouveauté; elle est établie depuis long-temps par la grammaire de Port-Royal, et par plusieurs autres bons ouvrages de ce genre.

Jusqu'ici, pour nommer les lettres F, H, L, M, N, R, S, X, on a fait dire aux enfans *effe, hache, elle, eme, ene, ere, esse, ixe.* On a cru qu'il serait mieux de mettre une voyelle à la suite de la consonne, et de faire prononcer *fe, he, le, me, ne, re, se, kse* ou *gze.* Il est bien plus simple de ne faire entendre, après les lettres H, F, L, etc., qu'un *e* très-sourd, que de le faire précéder d'un *è* ouvert, qui laisse toujours subsister l'*e* sourd. Cette manière de prononcer épargne le son de l'*è* ouvert, par où commence *effe, elle,* etc. On y gagne aussi le son de l'*i* dans *ixe,* et les sons de *ha* et de *che,* qui se trouvent dans *hache,* et qui n'ont aucun rapport avec le son de la lettre *h,* par-tout où elle est employée. Il est étonnant que le bon sens n'ait pas encore fait réformer l'ancienne manière de dénommer les consonnes. Il est encore plus surprenant qu'on n'ait pas aperçu l'inconvénient de faire épeler les enfans. Il suffit de réfléchir sur le peu de rapport qu'il y a entre tous ces sons détachés et le mot qu'ils forment, pour s'apercevoir que la méthode que l'on adopte ici est la seule bonne, et la seule qu'il faut préférer. Toute l'opération consiste à simplifier les sons.

RÈGLE GÉNÉRALE. Les maîtres doivent faire attention de faire prononcer le *b* dans l'alphabet, comme on le prononce dans la dernière syllabe du mot *tombe*; *il tombe*. Il faut aussi qu'ils fassent prononcer toutes les autres consonnes avec un *e* muet; et à la vue de la lettre D, C, etc., faire dire *de*, comme dans *ronde* et *demande*; *ce*, comme dans *rouce*, *constance*.

Pour ne point embarrasser l'élève qu'on instruit, il ne faut pas qu'on lui fasse lire rien de ce qui paraît mis pour instruire celui qui enseigne.

Il est encore essentiel d'avertir tout le monde de ne pas enjamber d'une page à l'autre, mais d'aller de leçon en leçon. Il est indispensable de faire répéter, à la fin de chaque semaine, ce qu'on a appris à l'enfant que l'on instruit.

ALPHABET.

FIGURE DE LA LETTRE.		NOM DE LA LETTRE.
Romain.	Italique.	
a.	*a.*	
b.	*b.*	be
c.	*c.*	ce *ou* que
d.	*d.*	de
e.	*e.*	
f.	*f.*	fe
g.	*g.*	ge *ou* gue
h.	*h.*	he
i.	*i.*	
j.	*j.*	je
k.	*k.*	ke
l.	*l.*	le
m.	*m.*	me
n.	*n.*	ne
o.	*o.*	
p.	*p.*	pe
q.	*q.*	que
r.	*r.*	re
s.	*s.*	se *ou* ze
t.	*t.*	te *ou* si
u.	*u.*	
v.	*v.*	ve
x.	*x.*	kse *ou* gse
y.	*y.*	i *ou* ye
z.	*z.*	ze

ALPHABET EN MAJUSCULES.

FIGURE DE LA LETTRE.		NOM DE LA LETTRE.
Romain.	Italique.	
A.	*A.*	
B.	*B.*	BE
C.	*C.*	CE *ou* QUE
D.	*D.*	DE
E.	*E.*	
F.	*F.*	FE
G.	*G.*	GE *ou* GUE
H.	*H.*	HE
I.	*I.*	
J.	*J.*	JE
K.	*K.*	KE
L.	*L.*	LE
M.	*M.*	ME
N.	*N.*	NE
O.	*O.*	
P.	*P.*	PE
Q.	*Q.*	QUE
R.	*R.*	RE
S.	*S.*	SE *ou* ZE
T.	*T.*	TE *ou* SI
U.	*U.*	
V.	*V.*	VE
X.	*X.*	KSE *ou* GSE
Y.	*Y.*	I *ou* YE
Z.	*Z.*	ZE

INSTRUCTION

Pour les personnes qui enseignent à lire.

POUR s'assurer que l'élève connaît bien son alphabet, faites-le lui dire renversé, mêlé de toutes les manières possibles. Faites-lui toujours prononcer ou dénommer les consonnes comme elles sont marquées dans l'alphabet.

L'on doit remarquer, dans ces premières leçons, que tout ce qui est discours et raisonnement, est fait pour le Maître et non pour l'élève. On ne doit attacher le disciple qu'à ce qui est destiné aux leçons qui sont à sa portée.

Dites de vive voix à votre élève : Les lettres se divisent en voyelles et en consonnes. Il y a cinq voyelles et dix-neuf consonnes.

Les voyelles sont :

A. E. I *ou* Y. O. U.

Les dix-neuf consonnes sont :

B. C. D. F. G. H. J. K. L. M. N. P. Q. R. S. T. V. X. Z.

Consonnes et voyelles mêlées ensemble.

c. d. b. g. a. m. n. o. p. q. e. r. s. t.
u. v. x. z. i. h. b. f. g. d. e. c. h. m.
n. p. j. a. l. r. s. t. u. x. o. z.

Voyelles renversées.

u. o. y. *ou* i. e. a.

Alphabet renversé en romain.

z. y. x. v. u. t. s. r. q. p. o. n. m.
l. k. j. i. h. g. f. e. d. c. b. a.

Alphabet mêlé en romain.

p. k. n. r. m. e. d. u. j. l. g. s. z.
q. b. h. c. i. a. f. x. o. t. y. v.

Alphabet mêlé en romain, en italique et capitales.

j. b. a. z. r. x. h. g. n. s. c. P. U. I.
D. O. T. E. Y. M. Q. L. F. V. H.

a. Z. b. *γ.* c. X. d. v. e. V. f. *t.* g. S.
h. r. i. Q. j. P. k. o. *l.* n. M.

Alphabet en romain, italique et capitales.

A. b. *c.* D. e. *f.* g. H. i. *j.* L. l. *m.*
n. O. *p.* q. R. *s. t.* u. v. *x.* y. *z.*

INSTRUCTION

Pour les personnes qui enseignent à lire.

Dès que l'élève distingue bien les lettres, il faut lui faire connaître les caractères qui varient leurs intonations.

Les pages suivantes sont destinées à donner une première idée des caractères qu'on appelle *accens*; des trois sortes d'*e*, des deux *u v*, des deux *i j*, et des six consonnes qui ont un son double. On a cru devoir mettre ce tableau sous les yeux des Maîtres et Maîtresses, pour les avertir d'en donner aux enfans les premières notions.

Pour apprendre à distinguer les accens, il ne faut montrer que la colonne où ils se trouvent marqués. Ce qui est placé à côté d'eux est destiné à instruire la personne qui les enseigne.

Il faut ensuite tâcher de faire entendre à l'élève que les différentes sortes d'*e* viennent de ce que les accens dont ils sont marqués, leur donnent une articulation plus ou moins sur elle en les prononçant.

On a mis en marge des voyelles marquées d'un accent, des mots qui servent à déterminer la manière dont le Maître doit faire prononcer chaque voyelle. Pour le découvrir, il n'a qu'à prononcer les mots qui se trouvent dans les exemples.

Il faut faire remarquer que la même lettre se prononce différemment, dès qu'elle est marquée d'un accent aigu, grave, ou circonflexe, et que cette prononciation est toute différente lorsqu'il n'y a point d'accent.

Dites de vive voix à votre élève, en lui montrant les accens : Il y a trois accens, l'accent aigu ´, l'accent grave `, et l'accent circonflexe.

´   L'accent aigu ´, est un caractère qui va de droite à gauche.

`    L'accent grave `, est un caractère qui va de gauche à droite.

^   L'accent circonflexe ^ est un caractère formé des deux autres accens réunis et adossés, il se met sur les cinq voyelles lorsqu'elle se prononcent lentement, comme dans les mots *âge*, *bête*, *île*, *dôme*, *mûse*, etc.

Dites aussi à votre élève, sans montrer autre chose que les caractères rangés perpendiculairement les uns sur les autres, qu'il y a deux sortes d'*i* ; l'*i* voyelle et l'*j* consonne.

i   L'*i* voyelle se figure *i*, et se prononce *i*.
j   L'*j* consonne se figure *j*, et se prononce *je*.
     Il y a aussi deux sortes d'*u* ; l'*u* voyelle et l'*v* consonne.

u   L'*u* voyelle se figure *u*, et se prononce *u*.
v   L*v* consonne se figure *v* et se prononce *ve*.
     Les deux *j i* et les deux *u v* se trouvent dans le mot *juive*.
     Faites remarquer qu'il y a trois sortes d'*e*, l'*e* muet, l'*é* fermé, l'*è* ouvert.

e　L'*e* muet est l'*e* qui se prononce sourdement : c'est celui qui n'a point d'accent, comme on le peut voir dans les mots *loge*, *prince*, etc.

é　L'*é* fermé est celui qui a un accent de droite à gauche ; *c'est l'accent aigu é*, comme dans le mots *santé*, *bonté*.

è　L'*è* ouvert est celui qui a un accent de gauche à droite ; *c'est l'accent grave è*, comme dans les mots *accès*, *procès*, *abcès*, etc.

En montrant à votre élève les lettres *e*, *é*, *è*, *ê*, faites prononcer :

e　L'*e* muet, comme la dernière syllabe du mot *pa-re*.

é　L'*é* fermé, comme dans la dernière syllabe des mots *paré*, *pavé*.

è　L'*è* ouvert, comme le mot *très*.

ê　L'*ê* marqué d'un accent circonflexe, comme dans la première syllabe des mots *bê-te*, *tê-te*.

o　L'*o* comme dans la première syllabe du mot *to-me*.

ô　L'*ô* marqué d'un accent circonflexe, comme dans la première syllabe du mot *dô-me*.

a　L'*a* comme dans la première syllabe du mot *ta-ble*.

â L'*â* marqué d'un accent circonflexe ; comme dans la première syllabe du mot *pâ-te*.

i L'*i* comme dans la première syllabe du mot *hi-ver*.

î L'*î* marqué d'un accent circonflexe, comme dans la première syllabe du mot *fî-le*.

u L'*u* comme dans la premiére syllabe du mot *tu-be*.

û L'*û* marqué d'un accent circonflexe, comme dans la première syllabe du mot *mû-se*.

Apprenez aussi à votre élève qu'il y a six consonnes qui ont un son double : ce sont,

c. g. h. f. t. x.

c se prononce *se*, *ss*, devant *e*, *i*, *Ciceron*.

c se prononce *ka*, *ko*, *ku*, devant *a*, *o*, *u* ; *cave*, *côté*, *curé*.

g se prononce *je*, *ji*, devant *e*, *i*, *genou*, *gibier*.

g se prononce *ga*, *go*, *gu*, devant *a*, *o*, *u* ; *gâteau*, *gosier*, *guenon*.

g se prononce *g* et *j* dans le mot *gage*.

h se prononce *hâ*, *hê*, *hi*, *ho*, *hu*, dans *hâte*, *hêtre*, *hibou*, *hotte*, *hure* ; alors on l'appelle *h* aspirée.

h

h   ne se prononce point du tout dans *habit*, *Hélène*, *hiver*, *hôte*, *huit*; alors on l'appelle *h* non aspirée.

s   se prononce *sa*, *se*, *si*, *so*, *su*, au commencement des mots, *sale*, *second*, *sire*; *sole*, *suite*.

s   se prononce *z* entre deux voyelles, *case* *lésé*, *bise*, *dose*, *ruse*, etc.

t   se prononce *ti*, au commencement des mots *tige*, *tigre*, *tison*, etc.

t   se prononce *si*, dans *abbatial*, *ambitieux*, *ambition*, *captieux*, etc.

x   se prononce *kse* dans *Alexandre*, *Alexis*.
x   se prononce *gz*, dans *examen*, *exaucer*, *exemple*.

INSTRUCTION

Pour les personnes qui enseignent à lire.

L'ÉLÈVE connaissant bien exactement les consonnes, les différentes articulations que leur donnent les voyelles *a*, *e*, *i*, *o*, *u*, et celles que les voyelles empruntent des accens, il faut lui faire lire de suite la table où toutes les consonnes sont unies avec toutes les voyelles. Elle commence par *ba*, *bé*, *bè*, etc. Il faut lui faire lire d'abord chaque ligne horisontalement c'est-à-dire, *ba*, *be*, *bé*, *bè*, *bi*, *bo*, *bu* ; passer ensuite à la seconde colonne : observer sur-tout de ne point faire épeler en l'aidant à prononcer les sons et les syllabes ; ainsi il ne faut pas lui faire dire *be*, *a*, *ba* ; *be*, *e*, *be* ; *be*, *i*, *bi* ; mais tout d'un coup, *ba*, *be*, *bi* : l'avantage de cette méthode est de faire connaître que les consonnes ont toujours besoin d'une voyelle pour être articulée ; que *b* devant *a* s'appelle *ba* ; *b* devant *o* s'appelle *bo*, etc.

Sons formés d'une consonne et d'une voyelle.

Ba	be	bé	bè	bi	bo	bu
ca	ce	cé	cè	ci	co	cu
da	de	dé	dè	di	do	du
fa	fe	fé	fè	fi	fo	fu

ga	ge	gé	gè	gi	go	gu
ha	he	hé	hè	hi	ho	hu
ja	je	jé	jè	ji	jo	ju
la	le	lé	lè	li	lo	lu

ma	me	mé	mè	mi	mo	mu
na	ne	né	nè	ni	no	nu
pa	pe	pé	pè	pi	po	pu
qua	que	qué	què	qui	quo	quu

ra	re	ré	rè	ri	ro	ru
sa	se	sé	sè	si	so	su
ta	te	té	tè	ti	to	tu

va	ve	vé	vè	vi	vo	vu
xa	xe	xé	xè	xi	xo	xu
ya	ye	yé	yè	yi	yo	yu
za	ze	zé	zè	zi	zo	zu

INSTRUCTION

Pour les personnes qui enseignent à lire.

Dès que l'élève connaît bien les sons différens qui résultent de l'union de toutes les
voyelles avec les consonnes, il faut s'attacher
à lui faire lire le tableau alphabétique des
mots de deux syllabes : on s'est attaché à
n'y mettre que des sons qui se trouvent
dans le tableau, et qui sont formés d'une
consonne et d'une voyelle.

Il faut suivre le même procédé aux pages
18 et 19; ces deux pages présentent une
double nouveauté, en ce que, premièrement,
la voyelle qui, à la page 15, se trouve après
la consonne *b*, etc., se trouve ici avant cette
même consonne *b*; secondement, en ce que
les mots de la dix-neuvième page, formés
des sons de la dix-huitième, sont de trois
syllabes.

Les pages 20 et 21 présentent deux tables
de mots de quatre syllabes. La première
syllabe de chaque colonne commence par
l'une des cinq voyelles, mises tantôt après la
consonne, et tantôt avant la même consonne,
autant qu'il a été possible de le faire.

Mots de deux syllabes, formés des mêmes sons.

Bâ le, bê te, bî se,   bu te,
ca ve, cè ne, ci re, cô ne, cu ve,
da me, de mi, dî me, dô me, du pe,
fa ce, fê le, fî le, fo ré, fu té,

ga ge, gê ne, gî te, go be, gu é,
hâ le, hè re, hi re, hô te, hu re,
Ja ve, Jé sus,   jo li, ju ge,
la ve, le vé, li me, lo ge, lu ne,

mâ le, mè re, mi ne, mo de, mu le,
na pe, net te, Ni ce, nô ce, nu e,
Pa pe, pè re, pi pe, pô le, pu ce,
qua si, quê te, Qui to, quô te,

ra ve, rê ve, ri me, ro be, ru se,
sa le, sè ve, si re, so le, Su ze,
ta xe, tê te, ti ge, to me, tu be,
va se, ve lu, vi ce, vo lé, vu e.

2*

Sons formés d'une voyelle et d'une consonne.

Ab	eb	éb	èb	ib	ob	ub
ac	ec	éc	èc	ic	oc	uc
ad	ed	éd	èd	id	od	ud
af	ef	éf	èf	if	of	uf

ag	eg	ég	èg	ig	og	ug
al	el	él	èl	il	ol	ul
am	em	ém	èm	im	om	um
an	en	én	èn	in	on	un

ap	ep	ép	èp	ip	op	up
aq	eq	éq	èq	iq	oq	uq
ar	er	ér	èr	ir	or	ur
as	es	és	ès	is	os	us

at	et	ét	èt	it	ot	ut
av	ev	év	èv	iv	ov	uv
ax	ex	éx	èx	ix	ox	ux
az	ez	éz	èz	iz	oz	uz

Mots de trois syllabes, formés des mêmes sons.

Ab bes se,	é bè ne,	o bo le,
ac cu sé,	é co le,	oc cu pé,
ad mi ré,	E di le,	i do le,
af fu té,	ef fa cé,	of fi ce,

a ga cé,	é ga ré,	i gné e,
al lu re,	é lo ge,	o li ve,
am bi gu,	em bal lé	i ma ge,
an nu el,	en ne mi,	in vi té,

ap pe lé,	é pe lé,	o pé ra,
a que duc,	é qui pé,	
ar rê té,	er ro né,	ir ri té,
as si du,	es ti me,	Is ma ël,

At ta le,	é tof fe,	u ti le,
a va re,	é vi té,	o va le,
a xon ge,	ex ta se,	I xi on,
A zi me,	O zé e,	O zi as.

Mots, la plupart de quatre syllabes, formés des sons précédens.

Ba di na ge,	Bé né fi ce,	Bi ga ra de,
ca pi ta le,	cé lé ri té,	ci vi li té,
ac ti vi té,	é co li er,	ic té ri que,
da ri o le,	dé fi gu ré,	di vi ni té,
ad di ti on,	é di fi ce,	I du mé en,
fa ci li té,	fé li ci té,	fi dé li té,
af fi na ge,	ef fi ca ce,	I phi gé ni e,
Ga ni mè de,	gé né ra le,	gi bé ci è re,
ha bi tu de,	hé ro ï que,	Hip po ly te,
la ti tu de,	lé gè re té,	li mo na de,
al li an ce,	el lé bo re,	il lu si on,
ma gi cien,	mé de ci ne,	mi né ra le,
A ma zo ne,	é mé ti que,	im mé di at,
na ti vi té,	né ga ti ve,	Ni co la ï,
a né an ti,	en ne mi e,	in dé fi ni,
pa ci fi que,	pé lé ri ne,	py ra mi de,
a pa na ge,	é pi so de,	i pé ca cu a na,
ra ta ti né,	ré vo lu ti on,	ri di cu le,
ar ti fi ce,	er ro né,	i ro ni e,
sa ga ci té,	sé cu ri té,	si mo ni e,
as so ci é,	e xé cu té,	Is sa char,
ta ni è re,	Es cu la pe,	ti mi di té,
at ti tu de,	té mé ri té,	I ta li e,
vo ca ti on,	é ta la ge,	vi va ci té,
a va ri ce,	Vé ro ni que,	I vi ce,
ex a gô ne,	é va po ré,	e xi lé.

*Mots, la plupart de quatre syllabes, formés
des sons précédens.*

bo ta ni que,	bu co li que,
co mé dien,	cu pi di té,
oc ca si on,	oc to gô ne,
do ci li té,	du pe ri e,
o di eu se,	
fol li cu le,	fu ti li té,
of fi ci al,	
go si er,	gut tu ra le,
ho nê te té,	hu mi li té,
lo gi cien,	lu na ti que,
o li vier,	ul cè re,
mo no po le,	mu tu el le,
om bra ge,	om bi lic,
no va ti on,	nu mé ra le,
on da ti on,	u na ni me,
po li gô ne,	pu ri fi é,
o pi ni on,	
ro tu ri er,	ru ba ni er,
or tho do xe,	ur ba ni té,
so li tu de,	su jé ti on,
o si er,	u su ri er,
tro pi que,	tu li pe,
ot to ma ne,	u té ri ne,
vo la ti le,	vul ga te,
o va ti on,	
E xo de,	ex hu mé.

INSTRUCTION

Pour les personnes qui enseignent à lire.

Il y a des mots qui commencent par deux consonnes ; on a réuni, sous un même coup-d'œil, les combinaisons différentes qu'elles peuvent former. La colonne qui les renferme est une des plus essentielles de cette méthode.

En prononçant les sons *ble*, *bre*, etc., il faut avoir soin de ne pas faire épeler. Au lieu de faire dire à l'enfant, *be*, *elle*, *ble* ; *be*, *ere*, *bre*, il faut lui faire prononcer tout de suite et sans épeler *ble*, *bre*, comme on prononce la dernière syllabe des mots *table*, *sabre*.

Les pages 26, 27, 28 et 29 sont composées de mots et de sons formés de plusieurs consonnes et de simples voyelles. Un enfant n'aura pas grande difficulté à les prononcer, lorsqu'il aura été bien exercé sur les pages 23, 24 et 25 ; il faut, pour cela, lui faire prononcer exactement chaque son, sans en décomposer les lettres, en suivant l'ordre des cinq voyelles ; et ensuite perpendiculairement, c'est-à-dire, en faisant parcourir chaque colonne de haut en bas et de bas en haut.

Sons formés de deux consonnes et d'une voyelle.

Bla	ble	bli	blo	blu
bra	bre	bri	bro	bru
cha	che	chi	cho	chu
chra	chre	chri	chro	chru
cla	cle	cli	clo	clu
cra	cre	cri	cro	cru
dra	dre	dri	dro	dru
fla	fle	fli	flo	flu
fra	fre	fri	fro	fru
phra	phre	phri	phro	
pha	phe	phi	pho	phu
phla	phle	phli	phlo	phlu
gla	gle	gli	glo	glu
gna	gne	gni	gno	gnu
gra	gre	gri	gro	gru
pla	ple	pli	plo	plu
pra	pre	pri	pro	pru
rha	rhe	rhi	rho	rhu
sca	sce	sci	sco	scu
spa	spe	spi	spo	spu
sta	ste	sti	sto	stu
tha	the	thi	tho	thu
thra	thre	thri	thro	
tra	tre	tri	tro	tru
vra	vre	vri	vro	

Sons formés des mêmes deux consonnes et d'une voyelle, dans un ordre renversé.

Vra	vre	vri	vro	
tra	tre	tri	tro	tru
thra	thre	thri	thro	
tha	the	thi	tho	thu
sta	ste	sti	sto	stu
spa	spe	spi	spo	spu
sca	sce	sci	sco	scu
rha	rhe	rhi	rho	rhu
pra	pre	pri	pro	pru
pla	ple	pli	plo	plu
gra	gre	gri	gro	gru
gna	gne	gni	gno	gnu
gla	gle	gli	glo	glu
phla	phle	phli	phlo	phlu
pha	phe	phi	pho	phu
phra	phre	phri	phro	
fra	fre	fri	fro	fru
fla	fle	fli	flo	flu
dra	dre	dri	dro	dru
cra	cre	cri	cro	cru
cla	cle	cli	clo	clu
chra	chre	chri	chro	chru
cha	che	chi	cho	chu
bra	bre	bri	bro	bru
bla	ble	bli	blo	blu

Sons formés de deux consonnes et d'une voyelle.

Tha	the	thi	tho	thu
gla	gle	gli	glo	glu
dra	dre	dri	dro	dru
bla	ble	bli	blo	blu
sca	sce	sci	sco	scu
gra	gre	gri	gro	gru
sta	ste	sti	sto	stu
pla	ple	pli	plo	plu
fla	fle	fli	flo	flu
chra	chre	chri	chro	chru
rha	rhe	rhi	rho	rhu
tra	tre	tri	tro	tru
pra	pre	pri	pro	pru
cha	che	chi	cho	chu
phra	phre	phri	phro	
pha	phe	phi	pho	phu
cla	cle	cli	clo	clu
vra	vre	vri	vro	
thra	thre	thri	thro	
spa	spe	spi	spo	spu
gna	gne	gni	gno	gnu
phla	phle	phli	phlo	phlu
fra	fre	fri	fro	fru
cra	cre	cri	cro	cru
bra	bre	bri	bro	bru

Mots de différentes syllabes, composés des sons précédens.

Bl â me,	bl ê me,
br a ve,	br è ve,
Ch as se,	ch ê ne,
Chr am ne,	Chr ê me,
cl a vi er,	cl é men ce,
cr a be,	cr è che,
dr a pé,	dr es sé,
fl at té,	fl è che,
fr a cas,	fr è re,
phr a se,	phr é né sie,
gl a ce,	gl è be,
I gna ce,	A gn és,
gr ap pe	gr ê le,
ph a re,	ph é nix,
phl é bo to mie,	phl eg ma ti que,
pl a ce,	pl é ni er,
pr a ti que,	pr ê tre,
rha bil lé,	rh é teur,
sa vant,	sc è ne,
Sc a ron,	Sca man dre,
sp a dil le,	spé ci fi que,
Th a li e,	St é tin,
Thr a ce,	th è me,
tr ap pe,	tr è ve,
i vr e,	I v ri,

Mots de différentes syllabes, composés des sons précédens.

bl in de,	bl o qué,	bl u te,
br i sé,	br o dé,	pr u ne,
ch i le,	ch o se,	ch u te,
Chr i sti ne,	chr o ni que,	chr u dim,
Cl i mè ne,	cl o che,	Cl u ni,
cr i mé,	cr o che,	cr u che,
dr i a de,	dr ô le,	Dr u ï de,
fl i pot,	fl o re,	fl û te,
fr is é,	fr ot té,	fr u gal,
Phr i gie,		
gl is sa de,	gl o be,	gl u ant,
di gn i té,	i gn o ré,	ro gn u re,
gr i ve,	gr ot te,	gr u ri e,
phy si que,	ph os ph o re,	
Pl i ne,	pl om bé,	pl u me,
pr i me,	pr ô ne,	pr u ne,
Rh in,	Rh ô ne,	rh u me,
S i am,	sc is si on,	sc i u re,
Sc ot,	sc or pi on,	Sc u de ri,
sp i ra le,	sp on dé e,	st u pi de,
s ti le,	s to rax,	
th im,	Th o mas,	Thu ci di de,
	tr ô ne,	
Tr i po li,	tr o pe,	tr uf fe,
	i vr o gne,	

Mots de différentes syllabes, composés des sons précédens.

bl an ch ir,	bl es su re,	bl in da ge,
br as se rie,	br es se,	br im ba le,
ch ar ni er,	Ch er so nè se,	ch if son né,
cl as si que,	cl er gé,	cl ys tè re,
cr am po né,	cre vas sé,	cr is tal lin,
dr ag me,	Dr es de,	dr il le,
fl at te ri e,	fl eu ret te,	fl ic fl ac,
fr an ch ir,	fré qu en cé,	fr ic ti on,
gl an du lé,	bl et te,	gl is sa de,
i gn a re,	in di gne,	di gn i té,
gr as sé yer,	Gr e na de,	gr i ot te,
ph an tô me,	Ph é ni ci e,	ph il tre,
pl aï do yer,	pl é ni tu de,	pl is su re,
drag ma ti que,	pr en dre,	pr in ci pa le,
rha da man te,	rh é to ri que,	rhi no cé ros,
sc an da le,	sc è ne,	sc i a ge,
sp a tu le,	sp ec ta cle,	sp i ri tu el,
st an ce,	st er lin,	st ig ma tes,
tr an quil le,	tr en ti è me,	tr is tes se.

Mots de différentes syllabes, composés des sons précédens.

bl on di ne,	bl u et te,
br on zé,	br us que ri e,
ch o co lat,	ch û te,
clo ch et te,	Cl u nis te,
cr os se,	cr u ci fix,
dr o gue,	Dr u ï de,
fl ot ta ge,	fl u xi on,
fr on de,	fr us tré,
gl o bu le,	gl u ti na tif,
i gn o ré,	ro gn u re,
gr os se,	gr u e ri e,
ph os pho re,	ph y si que,
pl on ge on,	pl u ma ge,
pr os cr it,	pr u den ce,
rho do mon ta de,	Sc u dé ri,
sc or pi on,	rhu ma tis me,
sp on ta né,	sp u mo si té,
sto ma cal,	st u pi di té,
tr om pe ri e,	tru i te.

INSTRUCTION

Pour les personnes qui enseignent à lire.

Si les consonnes empruntent des voyelles des sons différens, les voyelles, unies les unes aux autres, forment, avec les consonnes dont elles sont suivies, des sons infiniment variés, sur lesquels il est important de fixer l'attention des jeunes personnes. Les tables suivantes offrent un grand nombre de sons tous formés de l'union de plusieurs voyelles. Afin de sauver aux personnes qui instruisent, l'embarras de les articuler avec netteté, on a mis, à côté de chaque son, des mots dans lesquels sont employés les sons qu'on doit faire prononcer à un enfant.

Il faut faire remarquer aux élèves les articulations différentes que donnent aux voyelles les deux points qu'elles portent en tête, comme dans *laïc*, *aëré*, etc.

Voyelles unies à d'autres voyelles , ou placées à leur suite, et formant avec les consonnes ou les voyelles dont elles sont suivies, une ou plusieurs syllabes.

On prononce comme dans		On prononce comme dans
Aë	*aë* ré	aon	P *aon*
æa	*Æa* que	août	*Août*
aen	C *aen*	aoux	chi *aoux*
ai	bal *ai*	au	P *au*
aî	f *aî* tière	aüs	Em *aüs*
aï	l *aï* c	aud	ch *aud*
aie	h *aie*	aul	P *aul*
aient	p *aient*	aulx	*aulx*
aïeul	bis *aïeul*	aoul	f *aoul*
aïde	Adél *aïde*	aur	M *aur*
ail	b *ail*	aut	f *aut*
aille	can *aille*	aux	ch *aux*
aim	ess *aim*	ay	C *ay* lus
ain	p *ain*	aya	attr *aya* nt
ains	m *ains*	ayé	r *ayé*
aint	cr *aint*	ayen	Bisc *ayen*
air	ch *air*	ayer	bég *ayer*
aire	capill *aire*	ayeux	B *ayeux*
ais	d *ais*	ayon	cr *ayon*
aïs	m *aïs*		
ait	f *ait*	ea	mang *ea*
aix	p *aix*	ean	J *ean*
ao	Cac *ao*	eant	afflig *eant*

on prononce	comme dans	on prononce	comme dans
éal	Bor *éal*	euil	d *euil*
éar	B *éar* nais	euille	f *euille*
éat	b *éat*	eur	p *eur*
eau	gât *eau*	eut	p *eut*
eaux	moin *eaux*	eux	d *eux*
ée	nu *ée*	ey	Bug *ey*
éen	Idum *éen*		
ées	ach *ées*	iable-	chât *iable*
éïa	pl *eïa* de	iade	Dr *iade*
éide	Nér *éide*	ia	mar *ia* ge
eil	ort *eil*	ial	offic *ial*
eille	bout *eille*	iam	S *iam*
éïen	pléb *éïen*	ian	all *ian* ce
eim	Benh *eim*	iand	fr *iand*
ein	fr *ein*	iard	l *iard*
eindre	f *eindre*	ias	Os *ias*
eint	p *eint*	iat	op *iat*
eing	s *eing*	iâtre	opin *iâtre*
eïo	Ang *eïo* logie	iau	fabl *iau*
eoir	ass *eoir*	iaux	best *iaux*
eois	bourg *eois*	ie	p *ie*
éole	alv *éole*	iée	mar *iée*
eon	pig *eon*	iel	m *iel*
eot	mig *eot* er	ième	trent *ième*
eu	bl *eu*	ien	magic *ien*
œuf	b *œuf*	ieux	Br *ieux*
œufs	n *œufs*	ient	t *ient*

on prononce	comme dans	on prononce	comme dans
ier	char *ier*	oo	c *oo* pérateur
ière	tan *ière*	ou	f *ou*
iers	f *iers*	ouac	biv *ouac*
iette	d *iette*	ouade	esc *ouade*
ieu	l *ieu*	ouage	Br *ouage*
ieue	banl *ieue*	oude	c *oude*
ieux	p *ieux*	oue	Cord *oue*
io	Cl *io*	oué	d *oué*
iole	bab *iole*	ouer	av *ouer*
iu	Ab *iu*	ouet	j *ouet*
ya	Dr *ya* de	ouette	ch *ouette*
yen	Ca *yen* ne	oug	j *oug*
yer	plaido *yer*	oui	réj *oui*
yon	Ba *yon* nais	ouïe	*ouïe*
		ouin	bab *ouin*
oa	c *oa* guler	ouilli	b *oui* li
oard	béz *oard*	ouille	citr *ouille*
œil	*œil*	ouir	évan *ouir*
œufs	*œufs*	ouis	b *ouis*
œur	s *œur*	oul	Capit *oul*
œu	*œu* vre	oup	c *oup*
oé	c *oé* ternel	our	am *our*
oë	c *oë* ffe	ourd	l *ourd*
oi	effr *oi*	ours	j *ours*
oî	cr *oî* tre	oux	courr *oux*
oï	M *oï* se	oust	ac *oust* ique
oie	j *oie*		

on prononce	comme dans		on prononce	comme dans
ua	alg *ua* sil		uir	f *uir*
uan	Dom J *uan*		uire	c *uire*
uant	p *uant*		uis	Pert *uis*
uau	cr *uau* té		uiss	b *uiss* on
uë	barb *uë*		uist	c *uist* re
uée	n *uée*		uit	br *uit*
uer	arg *uer*		uite	tr *uite*
uet	m *uet*		uits	fr *uits*
uette	l *uette*		uivre	c *uivre*
ueux	anfract *ueux*		uüm	D *uüm* vir
ui	app *ui*		uyer	app *uyer*
uïde	Dr *uïde*			
uids	m *uids*		ya	Ba *ya* rd
uie	pl *uie*		yau	alo *yau*
uif	s *uif*		yen	Do *yen*
uifs	J *uifs*		ye	courro *ye*
uin	J *uin*		yer	coudo *yer*
uil	c *uil* lère		yeur	gibo *yeur*
uille	aig *uille*		yeux	jo *yeux*.

INSTRUCTION

Pour les personnes qui enseignent à lire.

Les pages 36, 37, 38, et 29 présentent une suite de monosyllabes, suivant l'ordre alphabétique : on y en a fait entrer le plus qu'il a été possible, sans trop s'attacher au sens, parce que les enfans ont toujours beaucoup de peine à bien lire ces sortes de mots.

On a encore séparé la consonne simple ou double, de la voyelle, afin que les élèves en saisissent mieux l'ensemble et le résultat en les rapprochant eux-mêmes.

Pour les accoutumer à lire hardiment deux mots monosyllabes à la fois, on a rapproché les mêmes monosyllabes, depuis la page 39 jusqu'à la page 42 ; cet exercice prépare à quelques petites lectures en monosyllabes qui se trouvent à la page 43. L'élève s'en tirera parfaitement, s'il a été bien exercé sur les deux tables de monosyllabes ; ces petits triomphes allument le courage des enfans : il ne faut jamais manquer à leur en ménager.

Monosyllabes qu'il faut faire lire d'abord par sons séparés, et ensuite tout d'un mot.

b-ail	bail	c-iel	ciel	d-oit	doit
b-ain	bain	c-ieux	cieux	d-oigts	doigts
b-aux	baux	cl-aie	claie	d'-où	d'où
b-eau	beau	cl-air	clair	d-oux	doux
b-eaux	beaux	cl-ou	clou	dr-oit	droit
b-ien	bien	cl-oux	cloux	dr-ue	drue
b-iais	biais	cl-oud	cloud	Dr-eux	Dreux
bl-eu	bleu	c-œur	cœur		
b-ouc	bouc	c-oin	coin	f-aut	faut
b-oue	boue	c-oing	coing	f-aux	faux
b-ois	bois	c-ou	cou	f-aulx	faulx
b-ourg	bourg	c-oup	coup	f-aim	faim
b-out	bout	c-oût	coût	f-ait	fait
b-œuf	bœuf	c-cour	cour	f-aits	faits
b-œufs	bœufs	c-ours	cours	f-aix	faix
br-uit	bruit	c-ourt	court	fa-on	faon
b-uis	buis	cr-aie	craie	f-eu	feu
		cr-aint	craint	f-eux	feux
		cr-eux	creux	f-eint	feint
c-ap	cap	cr-oix	croix	f-ier	fier
C-aen	Caen	cr-ois	crois	fl-eur	fleur
C-aux	Caux	cr-oit	croit	f-oi	foi
c-eux	ceux	cr-ue	crue	f-oie	foie
c-eint	ceint	cu-ir	cuir	F-oix	Foix
ch-ien	chiens	cu-it	cuit	f-ois	fois
ch-air	chair			f-oin	foin
ch-aud	chaud			f-ouet	fouet
ch-aux	chaux	d-ain	dain	f-oux	foux
ch-oir	choir	d-ais	dais	f-our	four
ch-ois	chois	d-eux	deux	fr-ais	frais
ch-oix	choix	d-euil	deuil	fr-ein	frein
ch-ou	chou	D-ieu	Dieu	fr-oid	froid
ch-oux	choux	d-ieux	dieux	fr-uit	fruit
ch-œur	chœur	d-ois	dois		

fr-uits	fruits	j-ouent	jouent	m-ains	mains
f-uir	fuir	j-oug	joug	M-aur	Maur
f-uis	fuis	j-our	jour	m-aux	maux
f-uit	fuit	j-ours	jours	M-eaux	Meaux
		J-uif	Juif	m-eurt	meurt
g-ai	gai	J-uifs	Juifs	m-eurs	meurs
g-ain	gain	J-uin	Juin	m-eus	meus
g-eai	geai			m-eut	meut
g-oût	goût	l-aïc	laïc	m-ie	mie
gr-ain	grain	l-aid	l-aid	m-iel	miel
gr-ains	grains	l'-air	l'air	m-ien	mien
gr-ais	grais	l'-aie	l'aie	m-iens	miens
gr-ouin	grouin	l'-eau	l'eau	m-ieux	mieux
gr-ue	grue	L-eu	Leu	m-œurs	mœurs
g-ué	gué	l-eur	leur	m-oi	moi
g-uet	guet	l-eurs	leurs	m-oins	moins
g-ueux	gueux	l-ie	lie	m-ois	mois
		l-ien	lien	m-ou	mou
h-aie	haie	l-ient	lient	m-oue	moue
h-ait	hait	l-ieu	lieu	m-uet	muet
h-aut	haut	l-ieux	lieux	m-uids	muids
h-ier	hier	l-ieue	lieue		
h-oue	houe	l-oi	loi	n-ain	nain
h-oux	houx	l-ois	lois	n-euf	neuf
h-uit	huit	l-oin	loin	n-ie	nie
		l-oue	loue	n-iais	niais
j'-ai	j'ai	l-ouent	louent	n-œud	nœud
j'-aie	j'aie	l-oué	loué	n-œuds	nœuds
J ean	Jean	L-ouis	Louis	N-oël	Noël
j-eu	jeu	l-oup	loup	n-oir	noir
j-eux	jeux	l-oups	loups	n-oix	noix
j'-eus	j'eus	l-ourd	lourds	n-oueux	noueux
j'-oie	joie	l-ui	lui	n-ous	nous
j-ouet	jouet			n-uit	nuit
j-ouets	jouets	M-ai	Mai	n-ue	nue
j-ouer	jouer	m-ail	mail	n-uée	nuée
j-oue	joue	m-ain	main		

p-ain	pain	p-oils	poils	s-ait	sait
p-aîs	paîs	p-oulx	poulx	s-aoul	s-aoul
p-aît	paît	pr-ie	prie	s-auf	s-auf
p-aix	paix	pr-ient	prient	s-aut	s-aut
p-aïs	païs	pr-oie	proie	sç-eau	sç-eau
p-aye	paye	pr-oue	proue	sc-eaux	sc-eaux
p-air	pair	p-uits	puits	sc-ie	sc-ie
p-aon	paon			sc-ient	scient
P-aul	Paul	q-uai	quai	s-ein	sein
p-eau	peau	q-uart	quart	s-eing	seing
p-eur	peur	q-uand	quand	s-eul	seul
p-eu	peu	q-uant	quant	s-euil	seuil
p-eus	peus	qu-el	quel	s-ien	sien
p-eut	peut	q-ueue	queue	s-œur	sœur
p-eint	peint	q-u'eux	qu'eux	s-oi	soi
p-ie	pie	q-u'il	qu'il	s-oie	soie
p-ied	pied	q-uoi	quoi	s-oin	soin
p-ieds	pieds	q-uint	quint	s-oir	soir
p-ieu	pieu	q-u'on	qu'on	s-ois	sois
p-ieux	pieux	q-u'un	qu'un	s-oit	soit
pl-aie	plaie			s-oient	soient
pl-ais	plais	r-aie	raie	s-oif	soif
pl-aît	plaît	r-eins	reins	s-ourd	sourd
pl-ains	plains	R-eims	Reims	s-ous	sous
pl-aint	plaint	r-ien	rien	s-uie	suie
pl-ein	plein	R-oi	Roi	s-uis	suis
pl-ie	plie	r-oue	roue	s-uif	suif
pl-ient	plient	r-oux	roux	s-uit	suit
pl-eurs	pleurs	R-ouen	Rouen		
pl-eut	pleut	r-ouet	rouet	t-aie	taie
pl-uie	pluie	r-ouer	rouer	t-aux	taux
p-oids	poids	r-ue	rue	t-eins	teins
p-ois	pois			t-eint	teint
p-oix	poix	s-aie	saie	t-ien	tien
p-oint	point	s-ais	sais	t-iens	tiens
p-oing	poing	s-ain	sain	t-ient	tient
p-oil	poil	s-aint	saint	t-iers	tiers

t-ous	tous	tr-uie	truie	v-œu	vœu
t-out	tout			v-œux	vœux
t-oux	toux	v-ain	vain	v-oie	voie
t-oit	toit	v-air	vair	v-oix	voix
t-our	tour	v-aut	vaut	v-oir	voir
T-ours	Tours	v-eau	veau	v-ois	vois
tr-ain	train	v-eaux	veaux	v-oit	voit
tr-ait	trait	v-eut	veut	v-oient	voient
tr-aits	traits	v-ie	vie	vr-ai	vrai
tr-ois	trois	v-ieil	vieil	vu-e	vue
Tr-oye	Troye	v-ieux	vieux	v-ues	vues
tr-ou	trou	v-iens	viens		
tr-oué	troué	v-ient	vient	y-eux	yeux.

Monosyllabes et dissyllabes composés des mono-
syllabes précédens simples.

air fier	bruit sourd	cour-te joie
ail-leurs	buis court	cours droit
ait eu		craie et chaux
Août chaud	cail-lou	creux et plein
au mieux	ceint au tour	croix de buis
aux cieux	ciel bleu	crois-moi
aient lieu	cieux en feux	cuir et chair
	claie de bois	cuit au four
	clou droit	crue d'eau
bail-leur	clair et frais	
bain froid		dais en l'air
beau jeu	chair crue	dain vieux
beaux jeux	chaud et froid	deuil de cour
bœuf noir	chaux et craie	deux à deux
bleu clair	chou fleur	dieu des dieux
bien fait	cœur de roi	doigt au trou
biai-ser	chien fou	doigts courts
bou-quin	coing cuit	doit tont
bou-eux	coup de feu	doux au cœur
bout-à-bout	cou-teau	droit et haut
bois-seau	cou-cou	
bou-te-feu	cou de bœuf	

eau-de-vie

eux et vous

œuf frais

œufs cuits

œil de bœuf

faux seing

faim et soif

fais bien

fais-ceaux

fait à tout

fait au tour

faix lourd

feu de bois

feux de nuit

feint et faux

fier et haut

fleur et fruit

foie de veau

foi de roi

foin et grain

fouet de cuir

four chaud

frais et gai

frein doux

froid noir

fruits et fleurs

fuir loin

gai et gué

geai noir

guet à pied

gueux à rouer

grains et foins

grue en l'air

grouin de truie

haie de buis

haut et fier

hier au soir

houx noueux

houe de bois

huit clos

huit fois

Jean et Louis

jeu d'oie

jeu de main

j'eus hier

joie au cœur

jouet à jouer

joue à joue

jour et nuit

joug et Juif

Juin et Mai

laid et fou

lait et chaud

laie et loup

l'air et l'eau

lie et Leu

lient tout

lieux saints

lieue loin

loi et lois

loin d'eux

Louis trois

loup et laie

lui et vous

Mai et Juin

mail à jouer

mainte fois

main-tien

mais au moins

Maur et Louis

maux de cœur

meus et meut

mien et tien

mieux fait

meurs et meurt

mie de pain

miel doux

moi et eux

mois d'août

moins bien

mou-leur

muet sourd

muids d'eau

nain à pied

neuf et trois

nie et nient

noir de peau

Noël et Jean

noue et nouent

noué en deux

nous et eux

nuit et jour

nue et nuée

oit et oient

oie et ouais

ouï et ouïes

oint et saint

ouïr et voir

ours noir

pain cuit

paix de Dieu

pays de Caux

paye du roi	quint et quart	suie en feu
pair laïc	qu'un y soit	suit à pied
paon en l'air	qu'on le lie	suif neuf
peau de chien		suis-moi
Paul et Louis	raye et rayent	
peur et fuir	raie et reins	taie à l'œil
peu-à-peu	Reims et Rouen	tout et tous
peint en beau	rien en tout	teint en noir
pieu de bois	Roi des Rois	tient bien
pied à pied	roue et rouet	tout en haut
pied de roi	roux et bleu	toit en feu
plaît à Dieu	rouet et roue	trait en trois
plaint de tous	rue St-Louis	traits de feu
plein d'eau		train de bois
plie et plient	sain et sauf	trois à trois
poids et poix	Saint Leu	Troye et Tours
pois en fleurs	saute en l'air	tour-à-tour
pleurs et pleut	sceau du roi	trou et truie
peut-on voir	sein et sceaux	
point du tout	seing et saints	vau-rien
poing court	sœur de lait	veau cuit
poil roux	saoul de tout	veaux noirs
plaie au cœur	seul à seul	vain et fier
pluie en l'air	seuil de bois	vair et vieil
prie Dieu	scie à main	vœux au ciel
prient tous	scieurs de bois	veut et veux
proue à l'eau	sien et mien	vie des Saints
puits et sceau	soif et faim	viens et vient
	sait seul	vieux oing
quai neuf	soin à tout	voie de fait
quart et quint	soir et soie	voir en haut
quant et quand	sois à moi	voir le jour
quel qu'il soit	soit et soient	vois et voient
queue de loup	sourd à tous	vrai et faux
quoi qu'il ait	sous la main	voie et vue.

PIÈCE DE LECTURE,

Composée de Monosyllabes,

Dieu a fait le Ciel et tout ce qu'on voit sous les Cieux, tout ce qui est dans les eaux, et en tous lieux. Il a fait le jour et la nuit.

Dieu voit tout. Il voit le bien et le mal qu'on fait. Il voit tout ce qui est dans nos cœurs. Dieu fait tout ce qu'il lui plaît. Il a fait tout ce qui est dans les airs. Il tient tous les biens dans sa main.

Dieu est le Roi des Rois, le Saint des Saints, le Dieu des Dieux. Nos vœux et nos cœurs sont ce qu'il lui plaît le mieux. Quand on a la foi, on croit tout ce qu'il a fait pour nous.

INSTRUCTION

Pour les personnes qui enseignent à lire.

Les sons composés qui déterminent les dif-férens temps des verbes, embarrassent long-temps les enfans. Pour y remédier, on a fait entrer dans les pages 44, 45 et 46, une suite de verbes de deux, de trois et de quatre syllabes, rangés par ordre alphabétique ; on y a rapproché les terminaisons *ent*, *ant*, *oit* et *oient*, que les enfans confondent or-dinairement. Il faut avoir soin de les bien exercer sur ces différentes terminaisons; ils n'y trouveront plus aucune difficulté dans la suite.

Les pages 47 et 48 contiennent une suite de petites phrases, où l'on a rapproché les verbes du mot qui n'est point verbe, pour faire comprendre aux enfans que les trois lettres *ent* se prononcent comme un *e* muet, à la fin d'un verbe, et que ces trois lettres se prononcent toutes à la fin de tous les autres mots.

MOTS DE DEUX SYLLABES.	MOTS DE TROIS SYLLABES.	MOTS DE QUATRE SYLLABES.
ai mer	a bat tre	ac cou tu mer
ai mant	a bat tant	ac cou tu mant
ai ment	a bat tent	ac cou tu ment
ai mait	a bat tait	ac cou tu mait
ai maient	a bat taient	ac cou tu maient
boi re	ba lan cer	bal bu tier
bu vant	ba lan çant	bal bu ti ant
boi vent	ba lan cent	bal bu ti ent
bu vait	ba lan çait	bal bu ti ait
bu vaient	ba lan çaient	bal bu ti aient
chan ter	châ ti er	ca ra co ler
chan tant	châ ti ant	ca ra co lant
chan tent	châ ti ent	ca ra co lent
chan tait	châ ti ait	ca ra co lait
chan taient	châ ti aient	ca ra co laient
don ner	dé li vrer	dé mé na ger
don nant	dé li vrant	dé mé na geant
don nent	dé li vrent	dé mé na gent
don nait	dé li vrait	dé mé na geait
don naient	dé li vraient	dé mé na geaient
en fler	ef fa cer	é cha fau der
en flant	ef fa çant	é cha fau dant
en flent	ef fa cent	é cha fau dent
en flait	ef fa çait	é cha fau dait
en flaient	ef fa çaient	é cha fau daient
for cer	fri cas ser	fan fa ron ner
for çant	fri cas sant	fan fa ron nant
for cent	fri cas sent	fan fa ron nent
for çait	fri cas sait	fan fa ron nait
for çaient	fri cas saient	fan fa ron naient
ga guer	gour man der	ges ti cu ler
ga guant	gour man dant	ges ti cu lant
ga gnent	gour man dent	ges ti cu lent
ga guait	gour man dait	ges ti cu lait
ga gnaient	gour man daient	ges ti cu laient

MOTS DE DEUX SYLLABES.	MOTS DE TROIS SYLLABES.	MOTS DE QUATRE SYLLABES.
ha cher	ha bi ter	her bo ri ser
ha chant	ha bi tant	her bo ri sant
ha chent	ha bi tent	her bo ri sent
ha chait	ha bi tait	her bo ri sait
ha chaient	ha bi taient	her bo ri saient
jou er	jar di ner	jus ti fi er
jou ant	jar di nant	jus ti fi ant
jou ent	jar di nent	jus ti fi ent
jou ait	jar di nait	jus ti fi ait
jou aient	jar di naient	jus ti fi aient
lui re	la bou rer	lé gi ti mer
lui sant	la bou rant	lé gi ti mant
lui sent	la bou rent	lé gi ti ment
lui sait	la bou rait	lé gi ti mait
lui saient	la bou raient	lé gi ti maient
man quer	mas sa crer	mor ti fi er
man quant	mas sa crant	mor ti fi ant
man quent	mas sa crent	mor ti fi ent
man quait	mas sa crait	mor ti fi ait
man quaient	mas sa craient	mor ti fi aient
na ger	né to yer	né go ci er
na geant	né to yant	né go ci ant
na gent	né to yent	né go ci ent
na geait	né to yait	né go ci ait
na geaient	né to yaient	né go ci aient
ou vrir	or don ner	or ga ni ser
ou vrant	or don nant	or ga ni sant
ou vrent	or don nent	or ga ni sent
ou vrait	or don nait	or ga ni sait
ou vraient	or don naient	or ga ni saient
pein dre	par cou rir	phi lo so pher
pei gnant	par cou rant	phi lo so phant
pei gnent	par cou rent	phi lo so phent
pei gnait	par cou rait	phi lo so phait
pei gnaient	par cou raient	phi lo so phaient

MOTS DE DEUX SYLLABES.	MOTS DE TROIS SYLLABES.	MOTS DE QUATRE SYLLABES.
quit ter	que rel ler	ques ti on ner
quit tant	que rel lant	ques ti on nant
quit tent	que rel lent	ques ti on nent
quit tait	que rel lait	ques ti on nait
quit taient	que rel laient	ques ti on naient
ren dre	ré pon dre	re com men cer
ren dant	ré pon dant	re com men çant
ren dent	ré pon dent	re com men cent
ren dait	ré pon dait	re com men çait
ren daient	ré pon daient	re com men çaient
souf frir	sou met tre	sa cri fi er
souf frant	sou met mant	sa cri fi ant
souf frent	sou met tent	sa cri fi ent
souf frait	sou met tait	sa cri fi ait
souf fraient	sou met taient	sa cri fi aient
tor dre	té moi gner	tran quil li ser
tor dant	té moi gnant	tran quil li sant
tor dent	té moi gnent	tran quil li sent
tor dait	té moi gnait	tran quil li sait
tor daient	té moi gnaient	tran quil li saient
vou loir	ven dan ger	ver ba li ser
vou lant	ven dan geant	ver ba li sant
veu lent	ven dan gent	ver ba li sent
vou lait	ven dan geait	ver ba li sait
vou laient	ven dan geaient	ver ba li saient.

EXEMPLES

*Qui font voir que les lettres ent ont le même
son que l'e muet, à la fin des mots auxquels
on peut joindre ils ou elles ; mais qu'elles
se prononcent à la fin de tous les autres mots.*

Les hom mes s'ai ment
    ra re ment.
Les oi seaux cou vent
    sou vent.
Les en fans ai ment
    le mou ve ment.
Les pa res seux s'a ni ment
    dif fi ci le ment.
Les hon nê tes gens s'es ti ment
    mu tu el le ment
Les da mes s'ex pri ment
    dé li ca te ment.
Les chi mè res se for ment
    ai sé ment.

Les dé vots dor ment
mol le ment.
Les bons li vres s'im pri ment
soi gneu se ment.
Les pe tits en fans s'ac cou tù ment
fa ci le ment.
Les pol trons s'a lar ment
ai sé ment.
Les ours se ren fer ment
é troi te ment.
Les grands dé fauts se ré for ment
ra re ment.
Les a va res s'en dor ment
dif fi ci le ment.
Les mau vais li vres se sup pri ment
promp te ment.
Les vieil lards s'en rhu ment
fa ci le ment.

INSTRUCTION

INSTRUCTION

Pour les personnes qui enseignent à lire.

Ici commencent les premières lectures suivies, imprimées en caractères romain et italique. On a cru devoir présenter d'abord aux enfans les prières qu'ils doivent réciter tous les jours, et qu'on ne saurait trop tôt leur apprendre. L'unique moyen d'y réussir, c'est de les leur faire lire et relire, jusqu'à ce qu'ils les sachent passablement par cœur : on les a mises, d'un côté, à sons séparés ; de l'autre, à sons liés. La première opération prépare à la seconde. Il faut toujours suivre ce procédé, jusqu'à ce que les enfans soient fermes dans la lecture.

Il faut leur faire lire et apprendre également par cœur les pièces de lecture qui se trouvent aux pages 58 et suivantes.

L'O rai son Do mi ni ca le.

NO TRE Pè re qui ê tes aux Cieux : que vo tre nom soit sanc ti fi é : que vo tre rè gne ar ri ve : que vo tre vo lon té soit fai te en la ter re com me au ci el ; don nez-nous au-jour d'hui no tre pain quo ti di en, et nous par don nez nos of fen ses, com me nous par don nons à ceux qui nous ont of fen sés, et ne nous in dui sez point en ten ta ti on, mais dé li vrez-nous du mal.

Ainsi soit-il.

La Sa lu ta ti on an gé li que.

JE vous sa lu e, Ma ri e, plei ne de grâ ces, le Sei gneur est avec vous : vous ê tes bé ni e en tre tou tes les fem mes, et Jé sus, le fruit de vo tre ven tre, est bé ni.

Sain te Ma ri e, mè re de Dieu, pri ez, pour nous pau vres pé cheurs, main te-nant et à l'heu re de no tre mort.

Ain si soit-il.

L'oraison Dominicale.

Notre Père qui êtes aux Cieux : que votre nom soit sanctifié : que votre règne arrive : que votre volonté soit faite en la terre comme au ciel : donnez-nous aujourd'hui notre pain quotidien, et nous pardonnez nos offenses, comme nous pardonnons à ceux qui nous ont offensés, et ne nous induisez point en tentation, mais délivrez-nous du mal.

Ainsi soit-il.

La Salutation angélique.

Je vous salue, Marie, pleine de grâces, le Seigneur est avec vous : vous êtes bénie entre toutes les femmes, et Jésus, le fruit de votre ventre, est béni.

Sainte Marie, mère de Dieu, priez pour nous pauvres pécheurs, maintenant et à l'heure de notre mort.

Ainsi soit-il.

La Con fes si on des pé chés.

Je con fes se à Dieu Tout-puis sant,
à la bien heu reu se Ma ri e tou jours
Vier ge, à Saint Mi chel Ar chan ge,
à Saint Jean-Bap tis te, aux A pô tres
Saint Pi er re et Saint Paul, à tous
les Saints, que j'ai beau coup pé ché
par pen sé es, par pa ro les et par
ac ti ons : c'est ma fau te, c'est ma
fau te, c'est ma très-gran de faute.
C'est pour quoi je sup pli e la bien-
heu reu se Ma ri e tou jours Vier ge,
Saint Mi chel Ar chan ge, Saint
Jean-Bap tis te, les A pô tres Saint
Pi er re, et Saint Paul, tous les
Saints, de pri er pour moi le Seigneur no tre Dieu.

La Confession des péchés.

JE confesse à Dieu Tout-puissant, à la bienheureuse Marie toujours Vierge, à Saint Michel Archange, à Saint Jean-Baptiste, aux Apôtres Saint Pierre et Saint Paul, à tous les Saints, que j'ai beaucoup péché par pensées, par paroles et par actions : c'est ma faute, c'est ma faute, c'est ma très-grande faute. C'est pourquoi je supplie la bienheureuse Marie toujours Vierge, Saint Michel Archange, Saint Jean - Baptiste, les Apôtres Saint Pierre et Saint Paul, tous les Saints, de prier pour moi le Seigneur notre Dieu.

5*

Les com man de mens de Dieu.

Un seul Dieu tu a do re ras,
Et ai me ras par fai te ment.
Dieu en vain tu ne ju re ras,
Ni au tre chose pa reil le ment.
Les Di man ches tu gar de ras,
En ser vant Dieu dé vo te ment.
Tes pè re et mè re ho no re ras,
A fin que tu vi ves lon gue ment.
Ho mi ci de point ne se ras,
De fait ni vo lon tai re ment.
Lu xu ri eux point ne se ras,
De corps ni de con sen te ment.
Le bien d'au trui tu ne pren dras,
Ni re tien dras à ton es cient.
Faux té moi gna ge ne di ras,
Ni men ti ras au cu ne ment.
L'œu vre de la chair ne dé si re ras,
Qu'en ma ri a ge seu le ment.
Biens d'au trui ne con voi te ras,
Pour les a voir in jus te ment.

Les commandemens de Dieu.

Un seul Dieu tu adoreras,
Et aimeras parfaitement.
Dieu en vain tu ne jureras,
Ni autre chose pareillement.
Les Dimanches tu garderas,
En servant Dieu dévotement.
Tes père et mère honoreras,
Afin que tu vives longuement.
Homicide point ne seras,
De fait ni volontairement.
Luxurieux point ne seras,
De corps ni de consentement.
Le bien d'autrui tu ne prendras,
Ni retiendras à ton escient.
Faux témoignage ne diras,
Ni mentiras aucunement.
L'œuvre de la chair ne désireras,
Qu'en mariage seulement.
Biens d'autrui ne convoiteras,
Pour les avoir injustement.

Les com man de mens de l'église.

*L*es Fé tes tu sanc ti fi e ras,
Qui te sont de com man de ment.
Les Di man ches Mes se ou ï ras,
Et les Fé tes pa reil le ment.
Tous tes pé chés con fes se ras
A tout le moins u ne fois l'an.
Ton Cré a teur tu re ce vras,
Au moins à Pâ ques hum ble ment.
Qua tre Temps, Vi gi les, jeû ne ras,
Et le Ca rê me en tiè re ment.
Ven dre di chair ne man ge ras,
Ni le sa me di mê me ment.

La bé né dic ti on de la ta ble.

Au nom du Pè re, et du Fils, et du Saint Es prit.
Ain si soit-il.

*Q*ue la main de Jé sus-Christ nous bé nis se,
et la nour ri tu re que nous al lons pren dre.

Grâ ces.

Au nom du Pè re, et du Fils, etc.

*N*ous vous ren dons grâ ces de tous vos
bien faits, ô Dieu Tout-Puis-sant, qui vi vez
et ré gnez dans tous les siè cles des siè cles.
Ain si soit-il.

Les comandemens de l'église.

Les Fêtes tu sanctifieras,
Qui te sont de commandement.
Les Dimanches Messe ouïras,
Et les Fêtes pareillement.
Tous tes péchés confesseras,
A tout le moins une fois l'an.
Ton Créateur tu recevras,
Au moins à Pâques humblement.
Quatre-Temps, Vigiles, jeûneras,
Et le Carême entièrement.
Vendredi chair ne mangeras,
Ni le samedi mêmement.

La bénédiction de la table.

Au nom du Père, et du Fils, et du Saint-Esprit.
Ainsi soit-il.

Que la main de Jésus-Christ nous bénisse, et la nourriture que nous allons prendre.

Grâces.

Au nom du Père, et du Fils, etc.

Nous vous rendons grâces de tous vos bienfaits, ô Dieu Tout-Puissant, qui vivez et régnez dans tous les siècles des siècles. Ainsi soit-il.

Idée de Dieu et de son pou voir sur tou tes les cré a tu res.

CE Dieu , Maî tre ab so lu de la
    Ter re et des Cieux.
N'est point tel que l'er reur le fi gu re
    à vos yeux.
L'E ter nel est son nom , le Mon de
    est son ou vra ge.
Il en tend les sou pirs de l'hu mble
    qu'on ou tra ge ;
Ju ge tous les mor tels avec d'é ga les
    lois ,
Et, du haut de son Trô ne, in ter-
    ro ge les Rois.
Des plus fer mes É tats la chû te
    é pou-van ta ble ,
Quand il veut, n'est qu'un jeu de sa
    main re dou ta ble.

ES THER , Tra gé di e de M. Ra ci ne.

Idée de Dieu et de son pouvoir sur toutes les créatures.

CE Dieu, Maître absolu de la Terre et des
    Cieux,
N'est point tel que l'erreur le figure à vos yeux.
L'Eternel est son nom, le Monde est son ouvrage,
Il entend les soupirs de l'humble qu'on outrage ;
Juge tous les mortels avec d'égales lois ;
Et, du haut de son Trône, interroge les Rois.
Des plus fermes États la chûte épouvantable,
Quand il veut, n'est qu'un jeu de sa main
    redoutable.

ESTHER, Tragédie de M. Racine.

Idée de Dieu et de son pouvoir sur toutes les créatures.

CE Dieu, Maître absolu de la Terre et des Cieux,
N'est point tel que l'erreur le figure à vos yeux.
L'Eternel est son nom, le monde est son ouvrage:
Il entend les soupirs de l'humble qu'on outrage ;
Juge tous les mortels avec d'égales lois ;
Et, du haut de son Trône, interroge les Rois.
Des plus fermes États la chûte épouvantable,
Quand il veut, n'est qu'un jeu de sa main redoutable.

ESTHER, Tragédie de M. Racine.

Autre idée de la toute-puissance de Dieu.

Même Tragédie.

Que peuvent contre lui tous less
    Rois de la terre ?
En vain ils s'uniraient pour lui
    faire la guerre
Pour dissiper leur ligue, il n'a
    qu'à se montrer ;
Il parle, et dans la poudre il les
    fait tous rentrer.
Au seul son de sa voix, la mer fuit,
    le ciel tremble ;
Il voit comme un néant tout l'u-
    nivers ensemble,
Et les faibles humains, vains
    jouets du trépas,
Sont tous devant ses yeux comme
    s'ils n'étaient pas.

Autre

utre idée de la toute-puissance de Dieu.

UE peuvent contre lui tous les rois de la terre ?
En vain ils s'uniraient pour lui faire la guerre ;
Pour dissiper leur ligue, il n'a qu'à se montrer ;
Il parle, et dans la poudre il les fait tous rentrer.
Au seul son de sa voix, la mer fuit, le ciel tremble ;
Il voit comme un néant tout l'univers ensemble ;
Et les faibles humains, vains jouets du trépas,
Sont tous devant ses yeux comme s'ils n'étaient pas.

utre idée de la toute-puissance de Dieu.

Même Tragédie.

UE peuvent contre lui tous les rois de la terre ?
En vain ils s'uniraient pour lui faire la guerre ;
Pour dissiper leur ligue, il n'a qu'à se montrer ;
Il parle, et dans la poudre il les fait tous rentrer.
Au seul son de sa voix, la mer fuit, le ciel tremble ;
Il voit comme un néant tout l'univers ensemble ;
Et les faibles humains, vains jouets du trépas,
Sont tous devant ses yeux comme s'ils n'étaient pas.

6

Au tre mor ceau de M. Ra ci ne.

J'AI vu l'im pie a do ré sur la ter re :
Pa reil au cè dre, il por tait dans les
   cieux
  Son front au da ci eux :
Il sem blait, à son gré, gou ver ner
   le ton ner re,
Fou lait aux pieds ses en ne mis
   vain cus ;
Je n'ai fait que pas ser, il n'é tait
   dé jà plus.

Por trait de l'Hy po cri te.

Par M. Rous seau.

L'HY PO CRI TE, en frau de fer ti le,
Dès l'en fan ce est pé tri de fard ;
Il sait co lo rer avec art
Le fiel que sa lan gue dis ti le ;
Et la mor su re du ser pent
Est moins ai gu ë et moins sub ti le
Que le ve nin ca ché que sa lan gue
   ré pand.

Autre morceau de M. Racine.

J'AI vu l'impie adoré sur la terre :
Pareil au cèdre, il portait dans les cieux
*   Son front audacieux :*
Il semblait, à son gré, gouverner le
*   tonnerre,*
Foulait aux pieds ses ennemis vaincus ;
Je n'ai fait que passer il n'était déjà plus.

Portrait de l'Hypocrite.

Par M. Rousseau.

L'HYPOCRITE, en fraude fertile,
Dès l'enfance est pétri de fard ;
Il sait colorer avec art
Le fiel que sa langue distile ;
Et la morsure du serpent
Est moins aiguë et moins subtile
Que le venin caché que sa langue
    répand.

Stances sur la Mort.

LA Mort a des ri gueurs à nul le
au tre pa reil les.
On a beau la pri er ;
La crul le qu'el le est, se bou che
les o reil les,
Et nous lais se cri er.
Le pau vre en sa ca ba ne, où le
chau me le cou vre,
Est su jet à ses lois ;
Et la gar de qui veil le aux bar riè res
du Louvre,
N'en dé fend pas les Rois.

Stan ces sur la Mort.

LA Mort a des ri gueurs à nul le au tre pa reil les.
On a beau la pri er ;
La cru el le qu'el le est, se bou che les o reil les,
Et nous lais se cri er.
Le pau vre en sa ca ba ne, où le chau me le cou vre,
Est su jet à ses lois ;
Et la gar de qui veil le aux bar riè res du Lou vre,
N'en dé fend pas les Rois.

Stances sur la Mort.

LA Mort a des rigueurs à nulle autre
pareilles.
On a beau la prier ;
La cruelle qu'elle est, se bouche les
oreilles,
Et nous laisse crier.
Le pauvre en sa cabane, où le chaume
le couvre,
Est sujet à ses lois ;
Et la garde qui veille aux barrières
du Louvre,
N'en défend pas les Rois.

Stances sur la Mort.

LA Mort a des rigueurs à nulle autre pareilles :
On a beau la prier ;
La cruelle qu'elle est, se bouche les oreilles,
Et nous laisse crier.
Le pauvre en sa cabane, où le chaume le couvre,
Est sujet à ses lois ;
Et la garde qui veille aux barrières du Louvre,
N'en défend pas les Rois.

———

INSTRUCTION

Pour les personnes qui enseignent à lire.

S'IL se trouve quelque enfant qui ne sache point lire après ces différentes leçons, il ne faut pas aller plus loin, parce que les règles et les opérations suivantes ne sont destinées qu'à perfectionner la lecture, et à donner aux enfans les premières idées de l'orthographe et de la prononciation. Il n'y a alors d'autre parti à prendre que de faire recommencer à l'élève tardif les élémens de lecture qu'il a déjà vus, simples ou composés, suivant que les premiers essais auront plus ou moins réussi.

On trouve ici, depuis la page 67 jusqu'à la page 82, une suite de voyelles et consonnes simples et composées, placées suivant l'ordre alphabétique, avec des exemples qui rendent familière la différente prononciation de ces voyelles ou consonnes. Il faut faire lire cette partie avec le plus grand soin, et y revenir plus d'une fois : le plus sûr moyen serait de la faire écrire dès que les enfans sont en état de modéler leurs lettres.

On a suivi l'ordre alphabétique, pour mettre les élèves en état de trouver aisément chaque lettre ou son, lorsqu'ils se trouveront arrêtés sur quelque prononciation.

Des voyelles longues et des voyelles brèves.

Les voyelles longues sont celles qui se prononcent lentement.	Les voyelles brèves sont celles qui se prononcent promptement.
EXEMPLES.	EXEMPLES.
le hâle	une halle
un mâtin	le matin
un mâle	une malle
une châsse	la chasse
de la pâte	une patte
une tâche	une tache
un hêtre	une herse
un prêtre	une prêtresse
un gîte	le giron
un goître	un goinfre
un cloître	une cloison
une bûse	un buste
une mûse	une mule.

ai se prononce *é.*		*ai* se prononce *è.*	
on écrit	*on prononce*	*on écrit*	*on prononce*
j'aimai	j'émé	abaissement	abèssement
je donnai	je donné	baisser	bèsser
je lirai	je liré	biaiser	bièser
je ferai	je feré	caissier	kèssier
		niaiser	nièser
ay se prononce *ey*		mauvais	mauvès
on écrit	*on prononce*	naître	nètre
		maître	mètre
crayon	créyon	notaire	notère
rayon	réyon	plaire	plère.
payer	péyer		
pays	péïs		
paysan	péïsan		

am a quelquefois le même son qu'*em*.		*an* a quelquefois le même son qu'*en*.	
ambition	empire	avant	avent
ample	emploi	bannir	mentir
flamme	femme	demande	amende
lampe	remplir	fange	fente
tambour	temple.	landes	lente

ain, ein, in, ont le même son.		*eau* a le même son que *au*	
dedain, dessein, destin		anneau	naufrage
essaim, refrein, mutin		bâteau	taupe
grain, feint, fin		bedeau	daube
faim, plein, vin		caveau	vautour
humain, serein, serin,		flambeau	baume
pain, peint, pin		gâteau	autel
plainte, teinte, singe		hameau	mauve
sainte, feinte, quinte		morceau	sauce
		pinceau	fauteur
		ronleau	laudes

acn, ean, ent, aon, se prononce *an*; ils ont le même son dans

Caen, Jean, dent, paon, faon, Laon.

excepté.

taon et taonner.

ç se prononce s. et *k*.

EXEMPLES :

façade	arcade	maçon	mâcon
glaçon	balcon	forçat	placard
Provençale	cascade	conçu	vaincu
rançou	flaçon	rinçures	rancune
garçon	gascon		

<table>
<tr><td>

c final ne se prononce point
devant une consonne.

EXEMPLES.

blanc raisin
clerc novice
franc fripon
porc frais
marc d'or

</td><td>

c final se prononce devant
une voyelle.

EXEMPLES.

du blanc au noir
de clerc à maître
franc étourdi
porc épic
Marc Antoine

</td></tr>
<tr><td>

c se prononce à la fin de
plusieurs mots.

EXEMPLES.

</td><td>

c ne se prononce point lors-
qu'il est suivi d'une con-
sonne. Il faut écrire ,

</td></tr>
</table>

almanach	ammoniac	un estomac plein
estomac	tabac	du tabac d'Espagne
aspect	avec	
aspic	syndic	mais il faut prononcer
baroc	estoc	
musc	Turc	estoma plein
		du taba d'Espagne

c se prononce *che* et *ke*.

chr se prononce *kre*.

EXEMPLES.

EXEMPLES.

change	archange	chrétien
charité	eucharistie	saint chrême
afficheur	chœur	chrétiennement
échope	chorographie	Christophe
chocolat	chorus	christianisme
choc	écho	chronique
chute	catéchumène	chronographe
chimie		chronologie
chuchotter		chrysalide
Chinois		
écharpe		

c se prononce comme *g*

EXEMPLES.

On écrit	*On prononce*
Claude	Glaude
second	segond
secondement	segondement
seconder	segonder
secondaire	segondaire

---

d se prononce *t* à la fin des mots, lorsqu'il est suivi d'une voyelle ou d'une *h* non aspirée.

EXEMPLES.

On écrit	*On prononce*
grand apôtre	grant apôtre
grand écrivain	grant écrivain
grand homme	grant homme
second hymenée	segont hymenée
second article	segont article
quand il boit	quant il boit
quand on veut	quant on veut
vend-il ?	vent-il ?
vend-elle ?	vent-elle ?
vend-on ?	vent-on ?
se défend-il ?	se défent-il ?
perd-elle ?	pert-elle ?

On supprime le *d* dans le mot *pied*. On dit *mettre pié à terre*, et non pas *piét à terre*.

e est ouvert dans tous les monosyllabes terminés par un *s*.

Il faut prononcer

ces , des , les , mes , ses , tes ,

comme s'il y avait l'accent grave.

cès, dès, lès, mès, sès, tès,

Il y a une exception pour le discours familier, on le prononce fermé, comme s'il y avait l'accent aigu.

on écrit	on prononce
ces livres	cés livres
des hommes	dés hommes
les femmes	lés femmes
mes gens	més gens
ses habits	sés habits
tes meubles	tés meubles

eu se prononce comme *u*.

Eustache	Ustache
à jeun	à jun

e est encore ouvert devant quelques connonnes

appel	j'appelle
bel	belle
cartel	il écartelle
chancel	il chancelle
hydromel	hirondelle
nouvel	nouvelle
amer	cancer
enfer	Jupiter
hier, fier, mer, etc.	

e est fermé devant une cousonne dans les mots suivans

on écrit	on prononce
amandier	amandié
barbier	barbié
cordelier	cordelié
damier	damié
jardinier	jardinié
ouvrier	ouvrié
pâtissier	pâtissié
savetier	savetié

---

gm se prononce *gue me* dans plusieurs mots.

on écrit	on prononce
stigmates	sti gue ma tes
augmenter	au gue men ter
diaphragme	dia phra gue me
énigmatique	é ni gue ma ti que

gn se prononce *gue ne* dans quelques mots.

on écrit	on prononce
inexpugnable	in ex pu gue na ble
magnétique	ma gue né ti que
gnôme	gue nô me

gn se prononce quelquefois simplement *n*.

on écrit	on prononce
assignation	assination
assigner	assiner
magnifique	manifique
signer	siner

on écrit	on prononce
incognito	inconitò

comme dans

épargne, épagneul

---

h aspirée.	*h* non aspirée	*h* ne se prononce point quand elle est après une consonne.
On prononce l'h dans les mots suivans.	On ne prononce point l'h dans les mots suivans.	

		on écrit	on prononce
hache	habit	l'heure	leure
haro	habile	l'histoire	listoire
héros	héroïne	l'honneur	lonneur
hibou	histoire	l'humeur	lumeur
hotte	hôte	théologie	téologie
hûre	heure	adhérer	adérer
housse	horloge	rhéteur	réteur
hautbois	hôpital	Rhin	Rin
houlette	hôtel	Rhône	Rône
Hollande	hostilité	rhubarbe	rubarbe
huguenot	humanité	rhume	rume

Une

Une *l* simple ou *ll* précédées de la voyelle *i*, ont un son
liquide ou mouillé.

ail	*aille*	*eil*	*eille*
bail	bataille	appareil	abeille
cail	canaille	conseil	corbeille
corail	écaille	orgueil	groseille
détail	futaille	orteil	treille
émail	grisaille	pareil	pareille
gaillard	limaille	réveil	merveille
mail	muraille	sommeil	sommeille
portail	paille	soleil	oscille
sérail	tenaille	vermeil	vermeille
vieillard	Versailles	vieil	vieille

il	*ille*	*ouil ouille*	*euil euille.*
Avril	aiguille	fenouil	Auteuil
chenil	cheville	andouille	Argenteuil
gril	étrille	verouil	Arcueil
fournil	famille	bredouille	cerfeuil
mil *graine*	mandille	citrouille	Choiseuil
nombril	quille	dépouille	écureuil
péril	pointille	gazouille	fauteuil
persil	quadrille	grenouille	feuille
	sillon	farfouille	seuil
		gargouille	veuille
		patrouille	
		rouille	
		souillure	

Exception.

Gille	ville
mil *nombre*	mille
subtil	subtile

m se prononce quelquefois *n*.

EXEMPLES.

on écrit	on prononce
Ambassade	Anbassade
bombarder	bonbarder
compter	conpter
combien	conbien
damnation	damnation
emmener	enmener
exempter	exenpter
importun	importun
nombre	nonbre
ombrage	onbrage
pompeux	ponpeux
prompt	pronpt
Samson	Sanson

m se prononce dans les mots suivans.

Amsterdam	immobile
amnistie	infamie
calomnie	présomptif
exemption	somptueux
hymne	somnambule
indemnité	symptôme
immédiat	immense

n à la fin des monosyllabes se joint toujours à la voyelle suivante, et à l'*h* non aspirée.

EXEMPLES.

on écrit	on prononce
bien adroit	bien n'adroit
bien instruit	bien n'instruit
bien ombragé	bien n'ombragé
bien utile	bien n'utile
bien habile	bien n'habile
bien heureux	bien n'heureux
bien historié	bien n'historié
bien honnête	bien n'honnête
bien humide	bien n'humide
on avance	on n'avance
l'on instruit	l'on n'instruit
bon enfant	bon n'enfant
mon ouvrage	mon n'ouvrage
rien en tout	rien n'en tout
son ami	son n'ami
ton habit	ton n'habit
mon honneur	mon n'honneur

oi se prononce *oi* et *ai*.

EXEMPLES.

avoir	avoit
boire	buvoit
croisée	chantoit
devoir	devoit
exploit	contemploit
foire	foible
gloire	Anglois
histoire	j'étois
mâchoire	mâchoit
noire	connoît
poire	coupoit
roitelet	roide
soirée	pensoit
toison	comptoit
voirie	lisoit
Chinois	connois
Danois	Charolois
S. François	François
Gaulois	Bordelois
l'Artois	Ecossois
Génois	Hollandois
Siamois	Bourbonnois

Il n'y a que l'usage qui apprenne cette différence.

ph se prononce *f*.

EXEMPLES.

Phaëton
alpha
Pharaon
asphalte
Pharmacie
emphâse
phrase
emphatique
Phébus
prophète
phénomène
prophétique
Amphion
philtre
amphibie
géographie
philosophie
physique
métaphore
phosphore

pt se prononce aussi *ps*.

EXEMPLES.

aptitude	nuptial
adoptif	adoption
corruptible	corruption
Egypte	Egyptien
inepte	ineptie
présomptif	présomption
optique	option
souscripteur	souscription
subreptice	subreption

pt se prononce quelquefois simplement *t*.

EXEMPLES.

on écrit	on prononce
Apt *ville*	At
baptême	batême
compte	comte
présomptif	présomtif
somptueux	somtueux
sept	set
septième	setième
symptôme	symtôme
sculpteur	sculteur
sculpture	scultur

p se prononce à la fin des monosyllabes avant une voyelle ou une *h* non aspirée.

EXEMPLES.

trop aimable trop habile
trop étourdi trop héroïque
trop insolent trop historié
trop opulent trop honorable
trop utile   trop humain

p ne se prononce pas avant une consonne ou une *h* aspirée.

trop badin   trop hardi
trop délicat trop hérissé
trop difficile trop hideux
trop colère   trop honteux
trop durement trop hupé

On ne prononce point le *p* dans le mot *loup*.

q se prononce à la fin des mots *cinq* et *coq*, lorsqu'ils sont avant une voyelle ou une *h* aspirée.

cinq amandes, un coq étranger,
cinq hommes, un coq irrité.

q ne se prononce point devant une consonne.

on écrit	on prononce
cinq figues	cin figues
cinq pommes	cin pommes
un coq d'Inde	un co d'Inde

qua se prononce *coua* dans les mots suivans.

on écrit	on prononce
aquatique	acouatique
équateur	écouateur
équation	écouation
quadragénaire	couadragénaire
quadrangulaire	couadrangulaire
quadragésime	couadragésime
quadrature	couadrupède
des in-quarto	des in-couarto

quinqua se prononce *cuincoua* dans les mots suivans.

on écrit	on prononce
quinquagénaire	cuincouagénaire
quinquagésime	cuincouagésime
quinconce	cuinconce
Quintilien	Cuintilien
Quinte-Curce	Cuinte-Curce
équestre	écuestre
questeur	cuesteur

r se prononce doucement à la fin des mots, lorsqu'il suit une voyelle ou une *h* non aspirée.

aimer ardemment
servir efficacement
parler incognito
parler obligeamment
se présenter humblement
arriver heureusement
se retirer honnêtement

r ne se prononce point lorsqu'il est suivi d'une consonne ou d'une *h* aspirée.

On prononue *r* dans

aimer tendrement
servir proprement
partir secrétement
parler facilement
se présenter hardiment
publier hautement
se retirer honteusement

deux *ss* entre deux voyelles se prononcent toutes deux.	*s* entre deux voyelles a le son d'un *z*.	*s* se prononce *z* à la fin des mots lorsqu'il suit une voyelle ou une *h* non aspirée.	
		bons amis	*exception pour le discours familier où l'on dit sans s*
basse	bâse	grands ennemis	
bassin	bâsin	gros intérêts	
boisseau	oiseau	petits obstacles	sages et vertueux
buisson	oison	anciens usages	belles et bonnes
casser	causer	longues habi-	bonnes à manger
chausse	chose	tudes	douces au goût
coussin	cousin	premiers hon-	*comme s'il y avait*
écrevisse	église	neurs	sage et vertueux
massue	mâsure	après eux	belle et bonne
moisson	maison	mes ouvrages	bonne à manger
poisson	poison	tes officiers	douce au goût
rosse	rose	les affronts	
ruisseau	roseau	leurs amis	*s* se prononce toujours à la fin des mots
tasse	extâse	les ennemis	
vassal	vâse	nos enfans	Agnus
		bonnes affaires	Bacchus
il faut excepter		tes offres	Bolus
		ses appas	Cadmus
chasse	Asdrubal	tous ensemble	Crésus
résusciter	disgrace	très-éloquent	Darius
préséance	presbytère	très-honnête	Danaüs
présentir	transiger	vous et moi	Iris, Mars
présenti-	transaction	ils iront	Momus
ment.	transition.	elles en sont	Phalaris
	Tisbé		Pirithoüs
	transvâser		Romulus
			Semiramis

sc se prononce sq dans les mots suivans:

scaramouche
scapulaire
Scamandre
scandale
scarification
Scaron
scribe
Scot
scorbut
scorpion
sculpteur
scrupule
scrutin

sc se prononce sç dans les mots suivans.

scélérat
scène
sceptre
sceau
scier
science
sciure
scion
faisceaux

on écrit

schisme

on prononce

chisme

t se prononce à la fin des mots, lorsqu'il suit une voyelle ou une h non aspirée.

EXEMPLES.

fort aimable
fort entier
tout entier
cent hommes
petit ignorant
savant écrivain
savant homme

t ne se prononce point lorsqu'il suit une consonne ou une h aspirée.

EXEMPLES.

fort content
fort honteux
tout nouveau
tout hors d'haleine
petit faquin

il faut aussi dire sans *t*
un fort imprenable
un enfant instruit
un port à couvert
savant et poli, etc.

tia se prononce aussi sia.

EXEMPLES.

Astianax	Abbatial
bestial	initial
bestialité	Martial
tiâre	nuptial

Quelquefois *t* ne se prononce point à la fin des mots.

EXEMPLES.

avant	
aspect	aspect agréable
district	district étendu
instinct	instinct admirable
respect	respect infini
suspect	suspect en tout.

tie se prononce aussi *sie*.

| *tiéux* se prononce toujours *sieux*. | *tien* se prononce toujours *sien*. |

EXEMPLES.

		EXEMPLES.	EXEMPLES.
amnistie	aristocratie		
amitié	balbutier		
amortie	démocratie	ambitieux	chrétien
hostie	essentiel	captieux	entretien
moitié	ineptie	facétieux	maintien
ortie	initier	factieux	soutien
partie	minutie	séditieux	
rôtie	prophétie		*à l'exception des deux mots*

tio se prononce aussi *sio*.

EXEMPLES.

			Capétien
bastion	action		Egyptien
combustion	collation		
gestion	faction		
question	natio n		

---

u forme un son séparé de l'*i* dans les mots suivans	l'*u* se confond avec l'*i* dans les mots suivans :
Ambiguité , aiguille , aiguiser, appui, autrui, aujourd'hui , buisson , conduire, cuivre, fluide , Guise , instruire, luire , muids , nuire, puisse , ruine , suivre , suicide , traduire, etc.	anguille, béguine, béquille , bourguignon , déguiser, figuier, guide, guider, Guillaume, guillemet, guise , sanguinaire, vuide, vuider, etc.

x se prononce *es* dans les mots suivans :	*x* a le son de deux *ss* dans les mots suivans :	*x* a le son du *z* dans les mots suivans.	*z* rend fermé l'*e* qui le précède dans les mots suivans :
		on écrit on prononce	
Alexandre	Auxerre	sixain sizain	allez-y
Alexis	Bruxelles	sixième sizième	venez-y
axiome		dixain dizain	
auxiliaire	et le son d'une *s* dans les mots suivans :	dixième dizième	*z* rend ouvert l'*e* qui le précède dans les mots suivans.
fixer			
taxer		*x* a le son d'un *z* à la fin des mots avant une voyelle :	
x se prononce *gz* dans les mots suivans :	Xaintonge soixante		Sanchez Rodriguez
		beaux yeux	
		officieux ami	
examen			
exemple		généreux enne-mis	
exiler			
exorde		précieux office	
exhumer			

y a le son de deux *ii* entre deux voyelles.	*y* n'a que le son d'un *i* entre deux consonnes.	lorsqu'une voyelle a deux points, elle doit être prononcée séparément de celle qui la précède.	
		EXEMPLES.	
aboyer	amygdales		
Bayonne	collyre		
bégayer	diachylon	Caën	pöete
crayonner	hydropisie	haïr	Pirithoüs
employer	lymphe	Judaïque	Raphaël
larmoyer	olympe	laïque	Saül
moyen	physique	Moïse	stoïcien
noyer	sympathie	mosaïque	
payer	symptômes	naïf	
rayonner			

INSTRUCTION

Pour les personnes qui enseignent à lire.

Pour mieux faire connaître aux enfans les voyelles longues et celles qui sont brèves, il faut enfin leur mettre sous les yeux un petit extrait du traité qu'en a fait M. l'abbé d'Olivet. C'est un ouvrage neuf et précieux, qui devrait être entre les mains de tous ceux qui ont le goût de notre langue.

M. l'abbé d'Olivet divise les voyelles en longues, brèves et douteuses; mais, pour ne point embarrasser les enfans, on ne les divise ici qu'en longues et brèves.

PROSODIE FRANÇAISE.

A , *première lettre de notre alphabet*, long.

Un petit a.
Un grand A.
Une panse d'a [*].
Il ne sait ni a ni b.

A , long *dans* âcre , âge, agnus, ame, âne, anus, âpre, ete.

ABE, long *dans* Arabe, astrolabe.

ABLE, long *dans* cable, diable, érable, fable, rable, sable, on accable, il hable.

ABRE, toujours long, cinabre, sabre, il se cabre, délabrer, se cabrer.

ACE, long *dans* espace, grâce, on lace, on delace, on entrelace.

A , *préposition et verbe*, est bref.

Je suis à Paris.
J'écris à Rome.
Il a été.
Il a parlé.

A , bref *dans* Apôtre, apprendre , altéré , il chanta, etc.

ABE, bref *dans* syllabe, syllabaire.

ABLE, bref *dans* aimable, capable, durable , raisonnable , table, étable.

Ac , toujours bref , almanach, bac, sac, estomac, tillac.
les pluriels toujours longs.

ACE, bref *dans* audace, glace, préface, tenace, vorace, place.

(*) *Panse* veut dire *ventre*, et signifie ici la partie de la lettre qui avance.

M. Despréaux ne connaissait point sans doute cette délicatesse, lorsqu'il a fait rimer *préface* avec *grâce.*

Un auteur à genoux dans une humble préface.
Au lecteur qu'il ennuie a beau demander grâce.

ACHE, long *dans* lâche, gâche, tâche, se fâcher, mâcher, relâcher, etc.

ACLE, toujours long : racle, oracle, miracle, obstacle, spectacle, tabernacle.

ACRE, long *dans* âcre, *piquant*, sacre, *oiseau.*

ADRE, long *dans* cadre, escadre, quadrer, encadrer, madré.

AFLE, long *dans* rafle, je rafle, rafler, érafler.

AGE, long *dans* âge.

AGNE, long *dans* je gagne, gagner.

ACHE, bref *dans* tache, moustache, vache, Eustache, il se cache, etc.

ACRE, bref *dans* acre de *terre*, diacre, nacre, sacré *du Roi.*

ADE, toujours bref : aubade, cascade, fade, sérénade, il persuade, etc.

ACRE, bref *dans* ladre.

AFFE, APHE, AFFRE, toujours bref : carafe, épitaphe, agraffe, balaffre, etc.

AGE, bref *dans* rage, page.

AGNE, bref *dans* campagne.

AIGRE

AGUE, bref *dans* ba-
gue, dague, vague,
extravaguer, etc.
AIGNE, toujours bref,
châtaigne, baigner,
daigne, saigner.

AIGRE, long *dans* mai-
gre, maigreur.

AIGRE, bref *dans* ai-
gre, vinaigre.
AIL., bref *dans* bercail,
bétail, évantail, etc.
Les pluriels longs.

AILLE, long *dans* ba-
taille, caille, maille,
railler, rimailler, etc.

AILLE, bref *dans* mé-
daille, émailler, tra-
vailler ; *et aux indi-
catifs*, je détaille,
j'émaille, je bataille.
AILLET et AILLIR,
toujours bref, mail-
let, paillet, jaillir,
assaillir.

AILLONS, long *dans*
baillon? haillon, pe-
naillon, nous taillons.

AILLON, bref *dans* ba-
taillon, médaillon,
émaillons, détaillons,
travaillons, etc.

AINE, long *dans* chaî-
ne, haine, gaîne, je
traîne.

AINE, bref *dans* fon-
taine, plaine, capi-
taine, hautaine, sou-
veraine.

AIRE, long *dans* une
aire, chaire, une
paire, il éclaire.

AIR, bref *dans* l'air,
chair, éclair, pair.

AIS, AISE, AISSE, tou-
jours longs : palais,
plaise, caisse, qu'il
paisse.

AIT, AITE, longs *dans* il plaît, il naît, il paît, faîte, attraits, parfaits, etc.

AIT, AITE, bref *dans* attrait, il fait, lait, parfait, parfaite, retraite.

ALE, long *dans* halle, pâle, mâle, râle, râler, hâle, pâleur, etc.

AL, ALE, ALLE, brefs *dans* royal, bal, moral, cigale, malle, scandale, etc.

AME, AMME, long *dans* ame, infâme, blâme, flamme, nous aimâmes, nous chantâmes, *et tous les prétérits* en âmes.

AME, AMME, brefs *dans* dame, épigramme, estame, rame, enflammer, j'enflamme, etc.

ANE, ANNE, AMNE, longs *dans* crâne, les mânes, de la manne, damner, condamner.

ANE, ANNE, bref *dans* cabane, organe, organiste, panne, pannetier.

APE, long *dans* râpe, râpé, râper.

APE, APPE, brefs *dans* Pape, frappe, frapper, sappe, sapper.

ARE, ARRE, longs *dans* avare, barbare, barre, bisarre, je m'égarre, tiare, barreau, barrière, larron, carrosse, carrière.

ARE, ARRE, brefs *dans* avarice, barbarie, je m'égarais, amarrer. etc.

AVE, long *dans* conclave, entrave, grave, je pave, etc.

AV, AVE, brefs *dans* conclaviste, gravier, aggraver, paveur, etc.

ECS, long *dans* les Grecs, les échecs.

EC, bref *dans* sec, Grec, échec.

EBLE, EBRE, ECE, bref *dans* hièble, funèbre, nièce, pièce.

ECHE, long *dans* bêche, lèche, grièche, revêche, pêche, *fruit ou l'action de prendre le poisson.*

ECHE, bref *dans* calèche, flèche, flamèche, sèche, brèche, péché, pêche.

ECLE, EDE, EDER, bref *dans* siècle, tiède, remède, céder, posséder, etc.

ÉE, toujours long *à la fin des mots* pensée, aimée ; *et ainsi des autres voyelles suivies d'un e muet,* lie, jolie, nue, etc.

EF, EFFE, longs *dans* chef, bref, greffe, etc.

EF, EFFE, bref *dans* chef, bref, effet, etc.

EFLE, long *dans* nefle.

EFFLE, bref *dans* trefle.

EGE, long *dans* collége, sacrilége, siége, etc.

EGE, EGLE, EIGLE, brefs *dans* léger, règle, seigle, etc.

EGNE, long *dans* règne, douègne, etc.

EGNE, EIGNE, brefs *dans* imprégne, peigne, enseigne, qu'il feigne.

EGRE, EGUE, brefs *dans* alléguer, bègue, collègue, intègre, nègre, etc.

EIL, EILLE, longs *dans* vieil, vieillard, vieillesse.

EIL, EILLE, brefs *dans* soleil, abeille, sommeille, etc.

EIN, EINT, longs *au pluriel :* dépeints, desseins, sereins.

EIN, EINT, bref *dans* atteint, dépeint, dessein, serrein, etc.

EINE, long *dans* reine.

EINE, presque bref *dans* peine, veine.

EINTE, toujours long : enceinte, dépeinte, feinte, etc.	
FITRE, long *dans* reître.	
ILE, ELLE, long *dans* zèle, poêle, frêle, pêle-mêle, il grêle, il se fêle, parallèle.	ELE, ELLE, bref *dans* modèle, fidèle, immortelle, rebelle, etc.
EM, EN, longs *dans* temple, exemple, gendre, prendre, cimenter, tenter.	EM, EN, brefs *lorsque la consonne est redoublée, comme dans* emmener, ennemi, etc., *et à la fin des mots* item, amen, examen, l'hymen, Bethléem.
EM, long *dans* apozème, baptême, chrême, diadème.	EME, bref *dans* je sème, tu sèmes, il sème, etc.
ENE, ENNE, longs *dans* alène, chêne, scène, gêne, frêne, Athènes, antennes.	ENE, ENNE, brefs *dans* qu'il apprenne, étrenne, phénomène, qu'il prenne, etc.
EPE, EPRE, longs *dans* crêpe, guêpe, vêpres.	EPRE, bref *dans* lèpre, lépreux, etc.
	EPTE, EPTRE, toujours brefs : il accepte, sceptre, spectre, précepte.
EQUE, long *dans* Evêque, Archevêque.	EQUE, ECQUE, brefs *dans* Grecques, bibliothèque, obsèque.
ER, long *dans* amer, enfer, hiver, verd, léger, etc.	ER, bref *dans* Jupiter, Esther, *et dans les infinitifs* louer, manger, etc.
	ERC, bref *dans* clerc, etc.

ERE, ERR, longs *dans* chimère, père, il erre, il espère, sincère, perruque, nous verrons.

ERE, ERR, brefs *dans* chimérique, espérer, sincérité, erreur, erroné, errata, etc.

ESE, long *dans* il pèse.

ESE, bref *dans* pèse-t-il.

ESSE, long *dans* abbesse, professe, compresse, on me presse, expresse, cesse, lesse.

ESSE, bref *dans* caresse, paresse, tendresse, adresse, etc.

ESTE, ESTRE, brefs *dans* modeste, leste, terrestre.

ET, EST, longs *dans* arrêt, benêt, forêt, genêt, prêt, acquet, apprêt, intérêt, têt, protêt, il est, etc. *et dans les pluriels.*

ET, bref *dans* cadet, bidet, sujet, hochet, marmouzet, etc.

ETE, long *dans* bête, fête, honnête, tempête, quêté, arrêté, etc.

ETE, bref *dans* Prophète, poète, comète, tabletté.

ETRE, long *dans* être, ancêtre, salpêtre, fenêtre, prêtre, hêtre, champêtre, guêtre, je me dépêtre.

ETRE, ETTRE, brefs *dans* diamètre, il pénètre, lettre, mettre, etc.

EULE, long *dans* meule, veule, etc.

EULE, bref *dans* seule, gueule, etc.

EUNE, long *dans* jeûne, *abstinence.*

EUNE, bref *dans* jeune, *en parlant de la jeunesse.*

EURE, long *dans* cette *fille est* majeure, *j'attends depuis une* heure.

EURE, bref *dans* la majeure *part, une* heure *entière.*

8 *

EVRE, long *dans* orfèvre, lèvre, chèvre, lièvre.	EVR, EVRE, brefs *dans* levrette, chevrier, levraut, chevreuil.

IDRE, YDRE, longs *dans* hydre, cidre.	YDRE, bref *dans* l'hydromel, *et par-tout ailleurs.*
IE, long *dans* il crie, il prie, vie, saisie.	IE, bref *dans* crier, prier, etc.
IGE, long *dans* tige, prodige, litige, je m'oblige, il s'afflige.	IGE, bref *dans* obliger, s'affliger, etc.
ISLE, long *dans* isle, presqu'isle, etc.	ISLE, bref *par-tout ailleurs.*
IRE, long *dans* empire, cire, écrire, il soupire, il désire.	IRE, bref *dans* soupirer, désirer, etc.
ITE, ITRE, longs *dans* bénite, gîte, registre, vîte, etc.	ITE, ITRE, brefs *dans* bénitier, réitérer, titre, arbitre, etc.
IVE, IVRE, longs *dans* tardive, captive, Juive, vivre, ivre, etc.	IVE, IVRE, brefs *dans* captiver, captivité, ivresse, etc.

O, long *dans* oser, osier, ôter, hôte, etc.	O, bref *par-tout ailleurs et au commencement des mots* hôtel, hôtellerie.
OBE, long *dans* globe, lobe, etc.	OB, OBE, brefs *dans* globule, obélisque, *et par-tout ailleurs.*
ODE, long *dans* roder, je rode.	ODE, bref *dans* mode, antipode.
OGE, long *dans le seul mot* Doge.	OGE, bref *dans* éloge, horloge, déroger, *et par-tout ailleurs.*

OGNE, long *dans* je rogne.

OGNE, bref *dans* trogne, Bourgogne *et par-tout ailleurs.*

OIENT, long *au pluriel*: ils avoient, ils chantoient.

OIT, bref *au singulier*: il avoit, il chantoit.

OIN, long *dans* oint, moins, joindre, pointe.

OIN, bref *dans* loin, besoin, moins, jointure, appointé.

OIR, OIRE, long *dans* boire, gloire, dortoir, histoire, mémoire.

OIR, OIRE, brefs *dans* espoir, terroir, territoire, écritoire.

OIS, toujours long *à la fin d'un mot*: Anglois, bourgeois, François.

OIS, bref *dans* bourgeoisie, foison, foisonner.

OLE, long *dans* drôle, geôle, môle, contrôle, rôle, il enjole, il enrôle, il vole, *de voler en l'air.*

OL, OLE, OLLE, brefs *dans* géolier, contrôleur, rolet, il vole, (*il dérobe.*)

OM, ON, longs *lorsque l'm ou l'n n'est pas redoublée comme dans* bombe, conte, monde, etc.

OM, ON, brefs *lorsque l'm ou l'n est redoublée, comme dans* sommeil, connaître, monnaie, je sonnais.

OME, ONE, longs *dans* atome, axiome, amazone, prône, aumône, etc.

OMME, ONNE, brefs *lorsque la consonne est redoublée,* somme, pomme, consonne, couronne, etc.

ORE, ORPS, ORS, longs *dans* encore, hors, corps, pécore, je décore.

OR, ORE, brefs *dans* encor, décoré, évaporé, etc.

OT, long *dans* dépôt, impôt, prévôt, entrepôt, rôt, tôt.

OT, bref *dans* despote, impotent, dépoté, rôti, prévôtal.

OTE, long *dans* côte, côté, hôte; j'ôte, note, maltôte.

OTE, bref *lorsque la consonne est redoublée*, hotte, cotte, *et dans les mots* flotte, note, moter, etc.

OTRE, long *avec l'accent circonflexe* : le nôtre, le vôtre, Apôtre.

OTRE, bref *lorsqu'il n'a point d'accent* : notre ami, votre affaire.

OUE, OUDRE, longs *dans* poudre, moudre, résoudre, il loue, roue.

OUL, OUDRÉ, OUÉ, brefs *dans* poudré, moulu, loué, roué, etc.

OUILLE, long *dans* rouille, j'embrouille, il débrouille, etc.

OUILLÉ, bref *dans* rouillé, brouillon, brouillard, etc.

OURRE, long *dans* de la bourre, il bourre, il fourre, qu'il coure.

OURRE, bref *dans* bourrade, courrier, rembourré, etc.

OUSSE, long *dans* pousser, je pousse, etc.

OUSS, OUSSE, brefs *dans* tousser, je tousse, coussin ; etc.

OUTE, long *dans* joûte, je goûte, croûte, voûte, il se dégoûte.

OUTE, bref *dans* ajouter, couter, couteau, il doute.

OUTRE, long *dans* coutre, poutre.

OUTRE, bref *dans* outré, outrance, *et partout ailleurs*.

UCHE, long *dans* bûche, embûche, on débuche, etc.

UCHE, bref *dans* bucher ; bucheron, débucher, etc.

UE, toujours long : vue, cohue, tortue, on distribue, etc.

UE, *presque* bref *dans le seul mot* écuelle.

UGE, long *dans* déluge, réfuge, juge, ils jugent.

UGE, bref *dans* juger, réfugier, etc.

ULE, long *dans* brûler, je brûle.

ULLE, ULE, brefs *dans* bulle, mule, etc.

UM, UME, UN, longs *dans* humble, j'emprunte, parfums, bruns, nous reçumes, nous ne pûmes, etc.

UM, UME, UN, brefs *dans* humblement, brume, parfumé, brune, pétun, pétune, un, une, dunes, hunes.

URE, long *dans* augure, parjure, on assure, etc.

URE, bref *dans* augurer, parjurer, assurer, etc.

USE, long *dans* excuse, je recuse, muse, ruse, incluse, etc.

USE, bref *dans* excuser, récuser, refuser, etc.

USSE, long *dans* je pusse, je connusse, ils accourussent, etc.

UCE, bref *dans* aumuce, astuce, puce, etc.

UT, long *dans tous les verbes au subjonctif*: qu'il fût, qu'il mourut, *et dans le seul mot* fût *de tonneau*, etc.

UT, bref *dans tous les verbes à l'indicatif*, il fut, il mourut, *et dans les substantifs* affut, scorbut, etc.

INSTRUCTION

Pour les personnes qui enseignent à lire.

La page 95 présente un petit tableau de chiffres Romains et Arabes, depuis un jusqu'à mille. Il faut donner de bonne heure ces notions aux enfans pour les initier au calcul et à la numération : ce travail est l'affaire de la main, soit au crayon, soit à la plume.

Cette leçon est suivie de l'explication des abréviations qui se rencontrent souvent dans les livres et dans les gazettes. Il ne faut point négliger de les leur faire connaître : on leur épargnera par-là la mortification de se trouver arrêtés quand les abréviations se présentent.

Chiffres Romains et Arabes.

I	un	1	XXI	vingt-un	21
II	deux	2	XXII	vingt-deux	22
III	trois	3	XXIII	vingt-trois	23
IV	quatre	4	XXIV	vingt-quatre	24
V	cinq	5	XXX	trente	30
VI	six	6	XL	quarante	40
VII	sept	7	L	cinquante	50
VIII	huit	8	LX	soixante	60
IX	neuf	9	LXX	soixante-dix	70
X	dix	10	LXXX	quatre-vingt	80
XI	onze	11	XC	quatre-vingt-dix	90
XII	douze	12	C	cent	100
XIII	treize	13	CXX	cent vingt	120
XIV	quatorze	14	CL	cent cinquante	150
XV	quinze	15	CC	deux cents	200
XVI	seize	16	CCC	trois cents	300
XVII	dix-sept	17	CD	quatre cents	400
XVIII	dix-huit	18	D	cinq cents	500
XIX	dix-neuf	19	DC	six cents	600
XX	vingt	20	M	mille	1000

ABRÉVIATIONS

Qui se rencontrent le plus ordinairement dans les livres et principalement dans les gazettes.

J. C.	Jésus-Christ.
N. S. J. C.	Notre-Seigneur Jésus-Christ.
S. M.	Sa Majesté.
LL. M.	Leurs Majestés, le Roi et la Reine.
V. M.	Votre Majesté, en parlant au Roi.
LL. H. P.	Leurs Hautes Puissances, en parlant de la Hollande ; on dit encore, en parlant d'elle,
L. E. G.	Les États-Généraux.
L. P. O.	La Porte Ottomane, ou simplement la Porte. C'est la Cour du Grand Seigneur.
Mgr.	Monseigneur.
Mad.	Madame.
Mes.	Mesdames.
M.lle	Mademoiselle.
N. D.	Notre-Dame, la Sainte-Vierge.
Le P. R.	Le Prince Royal, le fils aîné du Roi de Suède, et celui du Roi de Prusse.
La R. P. R.	La Religion prétendue Réformée.
S. A.	Son Altesse. } C'est le titre des Princes et Princesses
V. A.	Votre Altesse. } du Sang.
S. A. Elect.	Son Altesse Electorale. C'est le titre des Princes Electeurs de l'Empire.
S. A. Em.	Son Altesse Eminentissime, en parlant d'un Cardinal.
	S. A. R.

S. A. R.   Son Altesse Royale, c'est le titre
                des Princes et des Princesses du
                Sang.
                Nota. C'est aussi le titre des Electeurs
                qui sont Rois, quand on n'en parle
                que comme Electeurs.

S. A. S.   Son Altesse Sérénissime.
V. A. S.   Votre Altesse Sérénissime , en
                parlant aux Princes.

S. Em.   Son Eminence.   } En parlant
V. Em.   Votre Eminence.   } d'un, ou à un
                                    } Cardinal.

S. Ex.   Son Excellence.   } En parlant aux
V. Ex.   Votre Excellence.   } Ambassadeurs
                                    } et Ministres.

S. G.   Sa Grandeur.
V. G.   Votre Grandeur.
S. H.   Sa Hautesse, en parlant de l'Em-
                pereur des Turcs.
S. M. B.   Sa Majesté Britannique, le Roi
                d'Angleterre.
S. M. C.   Sa Majesté Catholique , le Roi
                d'Espagne.
S. M. D.   Sa Majesté Danoise , le Roi de
                Danemarck.
S. M. Imp.   Sa Majesté l'Empereur d'Autriche.
S. M. T. C.   Sa Majesté Très-Chrétienne , le
                Roi de France.
S. M. N.   Sa Majesté Napolitaine, le Roi
                de Naples.
S. M. Pol.   Sa Majesté Polonaise, le Roi de
                Pologne.
S. M. Port.   Sa Majesté Portugaise, le Roi de
                Portugal.
S. M. Pr.   Sa Majesté Prussienne, le Roi de
                Prusse.

S. M. Suéd. Sa Majesté Suédoise, le Roi de Suède.

S. S. Sa Sainteté, le Pape.

V. S. Votre Sainteté, en lui parlant.

L. S. P. Le Saint Père, en parlant du Pape.

V. G. Votre Grandeur, en parlant aux Archevêques et Evêques.

Don *ou* Dom. Mot Espagnol, qui signifie *Monsieur*. On donnait ce titre aux Bénédictins, Chartreux, Bernardins et Barnabites.

Le T. R. P. Le Très-Révérend Père, ou le Révérendissime Père : on donnait ce titre aux Religieux distingués dans leur ordre.

La R. M. La Révérende Mère : on donnait ce titre aux Religieuses ; elles se le donnaient elles-mêmes entre elles.

Fin de la première partie.

GRAMMAIRE FRANÇAISE.

LA langue française est composée de neuf sortes de mots ; savoir, le nom, l'article, le pronom, le verbe, le participe, l'adverbe, la préposision, la conjonction et l'interjection.

DU NOM.

Il y a deux sortes de noms ; le nom substantif et le nom adjectif.

Du nom substantif.

Le nom substantif est un mot qui nomme simplement une chose quelconque.

Les mots *soleil, lune, étoiles,* sont des noms substantifs.

Du nom adjectif.

Le nom adjectif est un mot qui marque de quelle manière est la chose nommée par le nom substantif.

Les mots *rond, ronde, brillant, brillante,* sont des noms adjectifs.

Dans l'usage ordinaire, le nom adjectif se joint presque toujours à un nom substantif. Il marque de quelle manière ou de quelle couleur est la chose nommée par le nom substantif. Exémples : *Le soleil est rond ; la lune est ronde ; les étoiles sont brillantes.*

Ce qu'on dit ici des choses se dit aussi des personnes et de tous les êtres en général.

Exemples : *Voilà un brave homme ; c'est une femme sage ; la vertu est aimable.*

Des Genres.

La langue française n'a que deux genres, le

masculin qui désigne le mâle, ou tout ce qui est du même genre, comme *l'homme*, *le soleil*, *le temps*, etc.; et le féminin qui désigne la femelle, ou tout ce qui est du même genre, comme *la femme*, *la lune*, *la terre*, etc.

Des Nombres.

Il y a deux nombres : le singulier, quand on parle d'une seule chose ou d'une seule personne, comme quand on dit *l'homme*, *la femme*, *le ciel*, *la terre*; et le pluriel, quand on parle de plusieurs choses, comme quand on dit : *les hommes*, *les femmes*, *les cieux*, *les terres*.

Des Cas.

Il y a six cas : le nominatif, le génitif, le datif, l'accusatif, le vocatif et l'ablatif.

Ces six cas servent à décliner les noms substantifs par le moyen des articles, *le*, *la*, *les*, *de*, *du*, *des*, *à*, *au*, *aux*, dont on parlera ci-après.

Exemple de déclinaisons, tant au singulier qu'au pluriel.

Nom substantif masculin.

SINGULIER.	PLURIEL.
N. le Roi.	N. les Rois.
G. du Roi.	G. des Rois
D. au Roi.	D. aux Rois.
Ac. le Roi.	Ac. les Rois.
Voc. ô Roi	Voc. ô Rois.
Abl. du Roi, *ou* par le Roi.	Abl. des Rois, *ou* par les Rois.

Nom substantif féminin.

SINGULIER.	PLURIEL.
N. la Reine.	N. les Reines
G. de la Reine.	G. des Reines.
D. à la Reine.	D. aux Reines.
Ac. la Reine.	Ac. les Reines.
Voc. la Reine.	Voc. ô Reines.
Abl. de la Reine *ou* par la Reine.	Abl. des Reines, *ou* par les Reines.

Noms des adjectifs.

Les noms des adjectifs servent à comparer ensemble les noms substantifs, et à former ce qu'on appelle degrés de comparaison. Exemple : *le soleil est plus éclatant que la lune*, ou *la lune est moins éclatante que le soleil.*

Des degrés de Comparaison.

Il y trois degrés de comparaison, c'est-à-dire, trois manières de comparer ensemble les noms substantifs; savoir, le positif, comme *grand*; le comparatif, comme *plus grand*; le superlatif, comme *très-gaand.*

Exemples : *Alexandre était un grand homme. César était plus grand hommme que Pompée. Louis XIV était un très-grand Roi.*

Un nom adjectif est au superlatif, quand il y a *le* ou *la* devant *plus*, ou un de ces mots, *très*, *fort*, *extrêmement*, *infiniment*, *parfaitement*, *souverainement*. Ainsi, *le plus savant, la plus savante, très-savant, très-savante, fort aimable, la plus aimable, extrêmement poli, le plus poli, infiniment bon, extraordinairement bon, parfaitement heureux, le plus heureux, la plus heureuse, souverainement juste, le plus juste,* sont au superlatif.

Il y a des comparatifs et superlatifs qui s'expriment en un seul mot : ces comparatifs sont, *pire*, *moindre.*

Exemple : *meilleur* signifie *plus bon* (expression qui n'est point d'usage); *pire* signifie *plus mauvais*; *moindre* signifie *plus petit.*

Les superlatifs qui s'expriment en un seul mot, sont *généralissime, sérénissime, révérendissime.*

Noms de nombres absolus.

Il y a des nombres adjectifs qui servent à

9 *

compter ; ce sont *un* , *deux*, *trois*, *quatre*, *cinq* , *six* , *sept* , etc ; on les appelle *noms de nombres absolus.*

Noms des nombres ordinaux.

Il y en a d'autres qui marquent l'ordre et le rang ; ce sont, *le premier*, *la première*, *le second*, *le troisième*, *le quatrième*, etc., tant pour le masculin, que pour le féminin, le singulier et le pluriel ; on les appelle *noms de nombres ordinaux.*

Il y a trois sortes de noms substantifs ; savoir, les noms *communs* les noms *propres* et les noms *collectifs.*

Noms sustantifs communs.

Les noms *communs* sont ceux qui désignent les espèces d'un même genre : ainsi les mots *hommes*, *chevaux*, *bêtes*, sont des noms substantifs *communs*, parce qu'ils désignent,

Le *premier*, tous les hommes ;

Le *second*, tous les chevaux ;

Et *le troisième*, toutes les bêtes.

Noms substantifs propres.

Les noms *propres* sont ceux qui appartiennent à chaque homme en particulier, comme *Alexandre*, *César* ; *Louis XIV.*

Noms substantifs collectifs.

Les noms *collectifs* sont ceux qui renferment en un seul mot plusieurs choses ou plusieurs personnes ; comme *la forêt*, *le Clergé*, *la Cour*, *le Parlement*, *la Noblesse*, etc.

Les noms adjectifs sont de deux genres ; ainsi ils ont deux terminaisons, l'une pour le masculin, et l'autre pour le féminin : comme *beau*, *belle*, *grand*, *grande*, au lieu que les noms substantifs n'ont qu'une terminaison, et ne peuvent être que d'un genre, *le ciel*, *la terre*, etc.

Un nom adjectif devient substantif, quand il est précédé de *le*. Exemple : *le beau*, c'est-à-dire, *ce qui est beau* ; *le vrai*, c'est-à-dire, *ce qui est vrai :* etc.

DE L'ARTICLE.

Les articles sont de petits mots qui se mettent avant les noms substantifs pour en faire connaître le genre, le nombre et le cas. Quand on dit : *le soleil, la lune et les étoiles* ; *le soleil* est un nom substantif du genre masculin singulier ; *la lune* est un nom substantif du genre féminin singulier ; *les étoiles*, un nom substantif du nombre pluriel ; parce que l'article *le* désigne le genre masculin singulier ; l'article *la* désigne le genre féminin singulier ; et l'article *les* désigne le pluriel, tantôt masculin, tantôt féminin. Il y a neuf articles, savoir :

Le, la, les, de, du, des, à, au, aux.

Il y a des noms substantifs qui ne prennent qu'un article ; d'autres en prennent deux ; d'autres trois.

Un nom substantif du genre masculin ne prend qu'un article, tant au singulier qu'au pluriel. Exemple de déclinaison.

SINGULIER.	PLURIEL.
N. le ciel.	N. les cieux.
G. du ciel.	G. des cieux.
D. au ciel.	D. aux cieux.
Ac. le ciel.	Ac. les cieux.
Voc. ô ciel.	Voc. ô cieux.
Abl. du ciel, *ou* par le ciel.	Abl. des cieux, *ou* par les cieux

Un nom substantif du genre féminin a trois cas où il prend deux articles, mais ce n'est qu'au singulier. Exemple :

SINGULIER.	PLURIEL.
N. la terre.	N. les terres.
G. de la terre.	G. des terres.
D. à la terre.	D. aux terres.
Ac. la terre.	Ac. les terres.
Voc. ô terre.	Voc. ô terres.
Abl. de la terre, *ou* par la terre.	Abl. des terres, *ou* par les terres.

Exception.

Il y a des façons de parler où le nom substantif masculin prend deux articles, et le féminin trois. Exemple :

N. du pain.	N. de la viande.
G. de pain.	G. de viande.
D. à du pain.	D. à de la viande.

L'article de l'accusatif est semblable à celui du nominatif : le génitif semblable à l'ablatif ; l'article du vocatif n'est qu'une exclamation.

Il y a quatre sortes d'articles ; savoir ; l'article *défini*, l'article *partitif*, l'article *indéfini*, et l'article *un, une*.

Les articles *définis* sont *le, la, les* ; on les appelle *définis*, parce qu'ils définissent et déterminent le genre et le nombre des noms substantifs, et en désignent toute l'espèce. Par exemple, quand on dit, *j'aime le pain, la viande, les fruits* ; cela signifie *j'aime tout ce qui est pain, viande, fruits*, etc.

L'article partitif, au contraire, n'exprime qu'une partie de la chose dont on parle : ces articles sont *du, de la, des* ; et quand on dit *du pain, de la viande, des fruits* me feraient plaisir : cela signifie, *un morceau de pain, de viande, ou quelques fruits me feraient plaisir.*

On voit par ces exemples que le nominatif de l'article *partitif* n'est autre chose que le génitif de l'article *défini*. Exemple de déclinaison.

SINGULIER.

N. du pain   du vin   de l'eau   de la viande
G. de pain   de vin   d'eau   de viande.
D. à du pain   à du vin   à de l'eau   à de la viande.

Acc.   *comme le Nominatif.*
Abl.   *comme le Génitif.*

PLURIEL.

N. des pains   des vins   des eaux   des viandes.
G. de pains   de vins   d'eaux   de viandes.
D. à des pains   à des vins   à des eaux   à des viandes.

Il n'y a que deux articles indéfinis : ce sont *de* et *à*. On les appelle *indéfinis*, parce qu'ils ne définissent ni le genre, ni le nombre des noms; ils se mettent indifféremment avant les noms masculins ou féminins, avant les noms propres d'hommes, de villes, de provinces, avant le nom de Dieu et des Saints, et avant les prononms.

Exemples pour les noms substantifs.

N.   Dieu   Louis   Marie   César   Paris.
G. de Dieu   de Louis   de Marie   de César   de Paris.
D. à Dieu   à Louis   à Marie   à César   à Paris.

Exemples pour les pronoms.

N.   moi   vous   lui   elle   eux   nous.
G. de moi   de vous   de lui   d'elle   d'eux   de nous.
D. à moi   à vous   à lui   à elle   à eux   à nous.

Un, *une* sont articles lorsqu'on peut mettre à leur place *le* ou *la*.

Ex. *Un honnête homme doit aimer son Prince, l'État et la Religion.*

Un est un article dans cet exemple, parce qu'on peut dire : *l'honnête homme doit*, etc.

Une femme sage doit tout sacrifier à son honneur et à sa vertu.

Une est un article, parce qu'on peut dire : *la femmme qui est sage, doit*, etc.

Un, *une* sont adjectifs dans les exemples suivans :

J'ai rencontré un *ami ce matin.*
Une affaire importante me retient içi.

parce qu'on ne peut pas mettre les articles *le*
ou *la* à la place de *un*, *une*, et dire : *j'ai ren-*
contré l'ami ce matin : l'affaire importante me
retient ici.

DU PRONOM.

Un pronom est un mot qui tient ordinairement
la place d'un nom substantif.

Il y en a de sept sortes ; savoir le pronom
personnel, le pronom conjonctif, le pronom
possessif, le pronom démonstratif, le pronom
relatif, le pronom absolu et le pronom indéfini.

Des pronoms personnels.

Les pronoms personnels sont de petits mots
qui représentent les personnes. Tels sont *je*,
moi, *tu*, *toi*, *il*, *lui*, *elle*; *nous*, *nous-mêmes*,
vous, *vous-mêmes*; *ils*, *eux*, *elles*, *eux-mêmes*,
elles-mêmes.

SING. *Je* ou *moi* représente la première personne : c'est elle qui parle.

EXEMPLE. Je *vous aime*, *aimez*-moi.

Tu ou *toi* représente la seconde personne :
c'est celle à qui on parle.

EXEMPLE. Tu *t'affliges*, *console*-toi.

Il, *lui* ou *elle* représentent la troisième personne : c'est celle de qui on parle.

EXEMPLE. *Parlez*-lui, il *ou* elle *répondra.*

PLUR. *Nous* ou *nous-mêmes* représente la
première personne au pluriel.

EXEMPLE. Nous *devons faire notre bonneur* nous-mêmes.

Vous ou *vous-mêmes* représente la seconde
personne au pluriel.

EXEMPLE. *Il faut que* vous *veniez* vous-mêmes.

Ils, *eux* ou *elles*, *eux-mêmes*, *elles-mêmes* représentent la troisième personne au pluriel.

EXEMPLES. Ils *ou* elles *vous diront ce que j'ai fait.*
Eux-mêmes *ou* elles-mêmes *assurent cette vérité.*

Ces pronoms se déclinent avec les deux articles indéfinis *de* et *à*.

Les mots *soi* et *on* représentent aussi des personnes, et sont mis au rang des pronoms personnels.

EXEMPLES. *Chacun doit penser à* soi.
On *plaît toujours quand* on *aime.*

Pronoms conjonctifs.

Les pronoms conjonctifs représentent tantôt les choses, tantôt les personnes; ils se trouvent toujours entre un pronom personnel et un verbe. Exemple. *Je vous* le *rendrai,* ou *je vous* la *rendrai*; *le* et *la* sont pronoms conjonctifs, et peuvent se rapporter à des choses ou à des personnes.

La plupart des pronoms personnels peuvent devenir conjonctifs, à l'exception des pronoms *je*, *tu*, *il*, parce que ces trois pronoms sont toujours au commencement de la phrase.

EXEMPLER.

Je vous aime beaucoup.	Vous est le pronom conjonctif.
Je lui parle souvent.	Lui est le pronom conjonctif.
Il te connaît à fond.	Te est le pronom conjonctif.
Vous me consolez un peu!	Me est le pronom conjonctif.
Tu leur diras de ma part.	Leur est le pronom conjonctif.
Vous y viendrez aussi.	Y est le pronom conjonctif.
Nous nous aimons beaucoup.	Nous est le pronom conjonctif.
Nous le savons.	Le est le pronom conjonctif.
Ils les ont reçus.	Les est le pronom conjonctif.
On vous l'a dit.	La est le pronom conjonctif.
Nous en avons encore.	En est le pronom conjonctif.

On voit, par ces différens exemples, que le pronom personnel est toujours le nominatif du verbe. Le pronom conjonctif est toujours le régime du verbe.

Pronoms possessifs.

Les pronoms possessifs sont de petits mots qui désignent la personne qui possède la chose dont on parle : par exemple, quand on dit :

Mon *habit*, c'est comme si l'on disait, *l'habit de moi.*
Votre *montre*, *la montre de vous.*
Son *épée*, *l'épée de lui , etc.*

Ainsi les trois pronoms *mon, votre, son*, désignent les trois personnes *moi, vous, lui.*

Mon *chapeau*, ma *montre*, mes *gants.*
Ton *chapeau*, ta *maison*, tes *gens.*
Son *argent*, sa *bourse*, ses *parens.*
Notre *Roi*, votre *bien*, leur *état ,*

Les pronoms *mon, ma , mes ; ton, ta, tes ; son, sa, ses ; notre, votre, leur* s'appellent *pronoms possessifs absolus*, parce qu'ils sont joints à un nom substantif. Il y a d'autres pronoms qui se rapportent à un nom substantif sans y être joints ; on les appelle *pronoms possessifs relatifs.* Ces pronoms sons *le mien, le tien, le sien ; la mienne, la tienne, la sienne ; le nôtre , le vôtre , le leur ; la nôtre , la vôtre , la leur.*

EXEMPLES.

Rendez-moi le mien , garde le tien , chacun le sien.
Rendez-moi la mienne, garde la tienne, chacun la sienne.
Rendez-nous le nôtre , gardez le vôtre , chacun le leur.
Rendez-nous la nôtre , gardez la vôtre , chacun la leur.

Il n'y a, dans ces différens exemples, aucun nom substantif exprimé ; mais on sent bien qu'il est sous-entendu, et que tous ces pronoms possessifs se rapportent à quelque chose.

Pronoms démonstratifs.

Les pronoms démonstratifs sont de petits mots qui servent à montrer la chose dont on parle, comme quand on dit :

Ce *palais*, cet *officier*, cette *compagnie.*
Ce *cheval*, cet *homme*, cette *femme.*

Ce ,

Ce, cet, cette, ces, ceci, cela, celui-ci, celui-là, celle-ci, celle-là, ceux-ci, ceux-là, sont des pronoms démonstratifs.

EXEMPLES.

Ce *livre*,	ce *héros*,	ce *tableau*.
Cet *oiseau*,	cet *honneur*,	cet *ameublement*.
Cette *table*,	cette *armoire*,	cette *fenêtre*.
Ces *enfans*,	ces *animaux*,	ces *arbres*.
Ceci *peut convenir;*		mais cela *ne convient pas.*
Celui-ci *a plû*,		celui-là *ne plaît pas.*
Celle-ci *est aimable;*		celle-là *ne l'est pas.*
Ceux-ci *écoutent;*		ceux-là *n'écoutent pas.*

Pronoms relatifs.

Les pronoms relatifs sont de petits mots qui se rapportent à un nom substantif, et quelquefois à un pronom ; ce sont *qui, que, quoi, dont, lequel, laquelle, lesquels, lesquelles.*

EXEMPLES.

Je connais la personne qui vous a écrit.
J'ai vu la lettre que vous avez reçue.
On sait présentement à quoi s'en tenir.
Voici le jeune homme dont je vous ai parlé.
C'est un ami pour lequel je m'intéresse.
L'affaire sur laquelle on m'a consulté, est finie.
On connaît ceux pour lesquels vous vous intéressez.
On connaît celles pour lesquelles vous sollicitez.

Exemples de quelques relatifs qui se rapportent à des pronoms.

Pour moi qui vous connais, je vous estime.
Celle que vous venez de voir, est aimable.

Pronoms absolus.

Les pronoms absolus sont presque les mêmes que les pronoms relatifs : on ne les appelle absolus que quand ils ne sont précédés d'aucun nom substantif. Ce sont *qui, que, quoi, quel, quelle, lequel, laquelle.*

EXEMPLES.

Qui *connaissez-vous ici?* c'est-à-dire, quelle personne, etc.
Que *demandez-vous ?* quelle chose demandez-vous ?
À quoi *ou* de quoi *vous occupez-vous ?*
Quel homme *protégez-vous ?*
Quelle affaire *avez-vous ?*
Lequel *aimez-vous ?*
Laquelle *prenez-vous ?*

On voit que le pronom absolu forme toujours une interrogation, quand il n'est pas précédé d'un verbe.

Quand il est précédé d'un verbe, il ne forme plus d'interrogation.

EXEMPLE. *J'ignore* quelle *affaire vous amène à Paris.*

Pronoms indéfinis.

Les pronoms indéfinis sont des mots qui ne se rapportent directement à aucun nom substantif exprimé, ni sous-entendu, comme les autres pronoms. Les pronoms indéfinis sont *quiconque, quelqu'un, chacun, autrui, personne, aucun, nul, nul autre, pas un, pas une, tel, telle, la plupart, tout le monde, qui que ce soit, quelque chose que, quoi que, tout...... que, tout homme, l'un l'autre, les uns les autres.*

EXEMPLES.

Quiconque *aime la vertu est heureux.*
Quelqu'un *vous dira peut-être autrement.*
Chacun *doit penser à soi.*
Il ne faut point faire du mal à autrui.
Personne *ne m'a-t-il point demandé aujourd'hui ?*
De plusieurs amis que j'avais, il ne m'en resta aucun;
Nul autre *que vous n'eût attendu si tard.*
Pas un, pas une, *ne m'a satisfait.*
Tel *ou* telle *devrait être plus circonspect,* ou *circonspecte.*
La plupart *conviennent du fait.*
Tout le monde *vous connaît pour tel.*
Qui que ce soit *qui me demande, je n'y suis pas.*
Quelque chose que *vous fassiez, je vous pardonne.*
Quoi que *vous en disiez, cela ne laisse pas d'être.*
Tout *innocent que vous êtes, on vous accuse.*
Tout honnête *homme doit aimer son honneur.*
Ils s'aident *l'un l'autre ou les uns les autres.*

DU VERBE.

En général un verbe est un mot qui exprime toutes les actions, soit du corps, comme *marcher*, *se promener*, etc., soit du cœur, comme *aimer*, *haïr*, etc., soit de l'esprit, comme *mériter*, *réfléchir*, etc.

Sans le verbe, toutes les autres parties du discours seraient inutiles dans une langue, et ne pourraient faire aucun sens ; c'est pour cela qu'on l'appelle *le mot par excellence*.

On connaît qu'un mot est un verbe, lorsqu'on peut y joindre un des pronoms personnels *je*, *tu*, *il*: ainsi les mots *aimer*, *finir*, *recevoir*, *rendre*, sont des verbes, parce qu'on peut dire :

Je finis, *tu finis*, *il finit*.	*J'écris*, *tu écris*, *il écrit*.
J'aime, *tu aimes*, *il aime*.	*Je parle*, *tu parles*, *il parle*.
Je reçois, *tu reçois*, *il reçoit*.	*Je cours*, *tu cours*, *il court*.
Je rends, *tu rends*, *il rend*.	*Je viens*, *tu viens*, *il vient*.

Il y a quatre conjugaisons des verbes.

La première comprend les verbes dont l'infinitif est terminé en *er* ; ainsi *aimer*, *badiner*, *jouer*, *se promener*, etc., sont des verbes de la première conjugaison.

La seconde comprend les verbes dont l'infinitif est terminé en *ir* ; ainsi *finir*, *mourir*, *partir*, *se réjouir*, etc., sont des verbes de la seconde conjugaison.

La troisième comprend les verbes dont l'infinitif est terminé en *oir* ; ainsi *recevoir*, *pouvoir*, *apercevoir*, *concevoir*, *etc*; sont des verbes de la troisième conjugaison.

La quatrième comprend les verbes dont l'infinitif est terminé en *re* ; ainsi *rendre*, *prendre*, *rire*, *écrire*, *se plaindre*, etc., sont des verbes de la quatrième conjugaison.

Pour conjuguer un verbe, il faut savoir ce que c'est que *temps* et *modes*.

Il y a trois *temps*, qu'on appelle *temps naturels*; savoir, *le présent*, *le passé* et *le futur*.

Le *présent* est le *temps* où se fait quelque chose; comme *j'aime*, *je finis*, *je reçois*, *je rends*.

Le *passé* est le *temps* où s'est fait quelque chose; comme *j'ai aimé*, *j'ai fini*, *j'ai reçu*, *j'ai rendu*.

Le *futur* est le *temps* où se fera quelque chose; comme *j'aimerai*, *je finirai*, *je recevrai*, *je rendrai*.

Chacun de ces trois temps en renferme plusieurs autres, comme on verra dans les quatre conjugaisons des verbes.

Il y a deux verbes qu'il faut savoir bien conjuguer avant que de passer à la conjugaison des autres; ces deux verbes sont le verbe *avoir* et le verbe *être*, qu'on appelle *verbes auxiliaires*, parce qu'ils viennent, pour ainsi dire, au secours des autres verbes, et qu'ils servent à en former les temps composés.

Les temps simples d'un verbe sont ceux qui ne consistent que dans un seul mot; comme,

J'aime,	*j'aimerai*;	*je finis*,	*je finirai*.
Je reçois,	*je recevrai*;	*je rends*,	*je rendrai*.

Les temps composés d'un verbe sont ceux qui sont composés de deux ou de plusieurs mots; comme *j'ai aimé*, *j'ai été aimé*, *j'ai reçu*, *j'ai été reçu*.

Il y a quatre modes dans un verbe; savoir, *l'indicatif*, *l'impératif*, *le subjonctif* et *l'infinitif*.

INDICATIF.

Un verbe est au mode indicatif, quand il ne dépend d'aucun autre mot; comme quand on dit: *j'aime* ou *j'aimerai l'étude*.

Ce mode a onze temps.

Voici la manière de le conjuguer, ainsi que tous les autres, tant au *masculin* qu'au *féminin*, au *singulier* qu'au *pluriel*.

PRÉSENT.

Singulier.

J'ai,	Je suis,	J'aime,	Je finis,	Je reçois,	Je rends,
tu as,	tu es,	tu aimes,	tu finis,	tu reçois,	tu rends,
il a,	il est,	il aime,	il finit,	il reçoit,	il rend,
ou	*ou*	*ou*	*ou*	*ou*	*ou*
elle a,	elle est,	elle aime,	elle finit,	elle reçoit,	elle rend.

Pluriel.

Nous avons, nous sommes, nous aimons,
vous avez, vous êtes, vous aimez,
ils *ou* elles ont, ils *ou* elles sont, ils *ou* elles aiment,
nous finissons, nous recevons, nous rendons,
vous finissez, vous recevez, vous rendez,
ils *ou* elles finissent, ils *ou* elles reçoivent, ils *ou* elles rendent.

IMPARFAIT.

J'avais, j'étais, j'aimais, je finissais, je recevais, je rendais.

PRÉTÉRIT.

J'eus, je fus, j'aimai, je finis, je reçus, je rendis.

PRÉTÉRIT ANTÉRIEUR.

J'ous, j'ens été, j'eus aimé, j'eus fini, j'eus reçu, j'eus rendu.

PRÉTÉRIT ANTÉRIEUR INDÉFINI.

Les deux verbes auxiliaires n'en ont point.

J'ai eu aimé, j'ai eu fini, j'ai eu reçu, j'ai eu rendu.

PLUSQUE-PARFAIT

J'avais eu, j'avais été, j'avais aimé.
j'avais fini, j'avais reçu, j'avais rendu.

FUTUR.

J'aurai, je serai, j'aimerai, je finirai, je recevrai, je rendrai.

FUTUR PASSÉ.

J'aurai eu, j'aurai été, j'aurai aimé,
j'aurai fini, j'aurai reçu, j'aurai rendu.

CONDITIONNEL PRÉSENT.

J'aurais, je serais, j'aimerais, je finirais, je recevrais, je rendrais.

CONDITIONNEL PASSÉ.

J'aurais eu, j'aurais été, j'aurais aimé,
ou *ou* *ou*
j'eusse eu, j'eusse été, j'eusse aimé,
j'aurais fini, j'aurais reçu, j'aurais rendu,
ou *ou* *ou*
j'eusse fini, j'eusse reçu, j'eusse rendu,

10*

IMPÉRATIF.

Un verbe est au mode impératif, quand on commande à quelqu'un, ou quand on exhorte quelqu'un à faire quelque chose ; comme lorsqu'on dit : *aimez Dieu et la vérité.*

Un verbe n'a point de première personne à l'impératif, parce qu'on ne se commande point à soi-même.

Ce mode n'a que deux temps, le *présent* et le *futur*, parce qu'on commande, soit pour qu'une chose se fasse présentement ou dans la suite.

PRÉSENT ET FUTUR.

Singulier.

Aie,	sois,	aime,
qu'il ait,	qu'il soit,	qu'il aime,
ou	ou	ou
qu'elle ait,	qu'elle soit,	qu'elle aime,
finis,	reçois,	rends,
qu'il finisse,	qu'il reçoive,	qu'il rende,
ou	ou	ou
qu'elle finisse,	qu'elle reçoive	qu'elle rende.

Pluriel.

Ayons,	soyons,	aimons,
ayez,	soyez,	aimez,
qu'ils aient,	qu'ils soient,	qu'ils aiment,
ou	ou	ou
qu'elles aient,	qu'elles soient,	qu'elles aiment,
finissons,	recevons,	rendons,
finissez,	recevez,	rendez,
qu'ils finissent,	qu'ils reçoivent,	qu'ils rendent,
ou	ou	ou
qu'elles finissent.	qu'elles reçoivent.	qu'elles rendent.

SUBJONCTIF.

Un verbe est au mode subjonctif, quand il y a avant lui un autre verbe auquel il est joint par la conjonction *que*, comme lorsqu'on dit : *Il faut que je parte. Je suis charmé que vous soyez ici. Je serais fâché qu'il sortît* ou *qu'elle sortît.*

Ce mode n'a que quatre temps : voici la manière de le conjuguer.

PRÉSENT ET FUTUR, semblables.

Que j'aie,	que je sois,	que j'aime,
que je finisse,	que je reçoive,	que je rende.

IMPARFAIT.

Que j'eusse,	que je fusse,	que j'aimasse,
que je finisse,	que je reçusse,	que je rendisse.

PRÉTÉRIT.

Que j'aie eu,	que j'aie été,	que j'aie aimé,
que j'aie fini,	que j'aie reçu,	que j'aie rendu.

PLUSQUE-PARFAIT.

Que j'eusse eu,	que j'eusse été,	que j'eusse aimé,
que j'eusse fini,	que j'eusse reçu,	que j'eusse rendu.

INFINITIF.

Un verbe est au mode infinitif, quand il est terminé en *er*, ou en *ir*, ou en *oir*, ou en *re*; ainsi *avoir, être, aimer, finir, recevoir, rendre,* sont des verbes au mode infinitif. Ce mode a sept *temps.*

PRÉSENT.

Avoir,	être,	aimer,	finir,	recevoir,	rendre.

PRÉTÉRIT.

Avoir eu, avoir été, avoir aimé, avoir fini, avoir reçu, avoir rendu.

PARTICIPE ACTIF PRÉSENT.

Ayant,	étant,	aimant,	finissant,	recevant,	rendant.

PARTICIPE ACTIF PASSÉ.

Ayant eu, ayant été, ayant aimé, ayant fini, ayant reçu, ayant rendu.

PARTICIPE PASSIF PRÉSENT.

Eu,	été,	aimé,	fini,	reçu,	rendu,
		ou	ou	ou	ou
		étant aimé,	étant fini,	étant reçu,	étant rendu.

PARTICIPE PASSIF PASSÉ.

Les auxiliaires n'en ont point.

Ayant été aimé, ayant été fini, ayant été reçu, ayant été rendu.

GÉRONDIF.

Ayant,	étant,	*en* aimant,	*en* finissant,	*en* recevant,	*en* rendant,
		ou	ou	ou	ou
		aimant,	finissant,	recevant,	rendant.

DIVISION DES VERBES.

Il n'y a proprement que deux sortes de verbes : le *verbe substantif* et le *verbe adjectif*.

Le verbe substantif marque l'*existence*, et le verbe adjectif marque la *manière d'exister* : ainsi *être* est le seul verbe substantif, et tous les autres sont des verbes adjectifs. *Aimer*, signifie *être aimant*; *étudier*, *être étudiant*, etc.

Il y a cinq sortes de verbes adjectifs : savoir, le *verbe actif*, le *verbe neutre*, le *verbe passif*, les *verbes réfléchis* et *réciproques*, et le *verbe impersonnel*.

Du verbe actif.

Le verbe actif est celui qui a un régime, c'est-à-dire, après lequel on peut toujours mettre un de ces deux mots *quelqu'un* ou *quelque chose* : ainsi *aimer*, *finir*, *recevoir*, *rendre*, sont des verbes actifs, parce qu'on peut dire :

Aimer quelqu'un,	finir quelque chose.
recevoir quelqu'un,	rendre quelque chose.

Du verbe neutre.

Le verbe neutre est un verbe qui n'a point de régime, et après lequel on ne peut jamais mettre un de ces deux mots *quelqu'un* ou *quelque chose* : ainsi *marcher*, *tomber*, sont des verbes neutres, parce qu'on ne peut pas dire : *marcher quelqu'un*, *tomber quelque chose*.

Il y a des verbes neutres qui se conjuguent avec les temps simples du verbe auxiliaire *avoir*, comme *dormir*, *dîner*, *souper*.

EXEMP.   *J'ai dormi*,   *j'ai dîné*,   *j'ai soupé*.

et ainsi de plusieurs autres.

Il y a d'autres verbes qui se conjuguent avec les temps simples du verbe auxiliaire *être*, comme *venir*, *arriver*, *tomber*.

EXEMP. *Je suis venu*, *je suis arrivé*, *je suis tombé*,

et ainsi de plusieurs autres.

Nota. Pour accoutumer les enfans à cette différence essentielle, il faut leur faire conjuguer plusieurs verbes.

Du verbe passif.

Le verbe passif est un verbe après lequel on peut mettre un de ces mots *par quelqu'un* ou *par quelque chose.* Ce verbe est ordinairement composé du verbe auxiliaire *être,* joint à un participe passif d'un verbe actif; ainsi *être aimé, être affligé,* sont des verbes passifs, parce qu'on peut dire : *être aimé par quelqu'un, être affligé par quelque chose.*

Le verbe passif suit la conjugaison du verbe auxiliaire *être* dont il est formé ; ce qui n'arrive que lorsqu'il se trouve joint au participe passif d'un *verbe actif.*

Du verbe réfléchi.

Un verbe est réfléchi lorsqu'on peut y ajouter *soi-même* après l'infinitif; ainsi *se chagriner, s'amuser, se consoler,* sont des verbes réfléchis.

Ces verbes réfléchis se conjuguent avec les pronoms conjonctifs *me, te, nous, vous, se :* il est aisé d'en donner des exemples.

Du verbe réciproque.

Un verbe est réciproque, lorsqu'on peut y ajouter le mot *ensemble* ou le mot *réciproquement* après l'infinitif; ainsi *se battre, se caresser, etc.,* sont des verbes réciproques.

Ces verbes se conjuguent comme le verbe réfléchi, avec les pronoms conjonctifs *me, te, nous, vous, se.*

Du verbe impersonnel.

Le verbe impersonnel est un verbe qui n'a que la troisième personne du singulier dans tous ses temps; comme *il pleut, il grêle, il tonne, il y a, il faut, il importe, etc.*

On voit que ces verbes ne peuvent avoir ni *première*, ni *seconde personne*.

RÉGIME DU VERBE.

On appelle *régime du verbe* le nom ou le pronom qui se trouve après le verbe.

Il y a deux sortes de régimes, le régime direct et le régime relatif.

EXEMP. *Aimer l'étude, revenir de la campagne.*

Le régime direct est le nom ou le pronom qui se trouve immédiatement après le verbe. Dans *aimer l'étude*, *l'étude* est le régime direct du verbe *aimer*, parce qu'il n'en est point séparé.

Le régime relatif est le nom ou le pronom qui est séparé du verbe par *de* ou *à*; ainsi dans *revenir de la campagne*, ou *aller à la campagne*, *la campagne* est le régime relatif du verbe *aller* ou *revenir*, parce qu'il est séparé du verbe par *de* et *à*.

DU PARTICIPE.

Le participe est un mot formé d'un verbe : *aimant*, *finissant*, *recevant*, *fuyant*, *rendant*, *aimé*, *fini*, *reçu*, *fui*, *rendu*, sont des participes formés des verbes *aimer*, *finir*, *recevoir*, *fuir*, *rendre*.

Il y a deux sortes de participes : le participe actif et le participe passif.

Le participe actif est celui qui exprime une action qui se fait ; il est toujours terminé en *ant* ; ainsi, quand on dit : *aimant l'étude*, *finissant un ouvrage*, *recevant une lettre*, *rendant service*, etc., *aimant*, *finissant*, *recevant*, *rendant*, sont des participes actifs.

Le participe passif est celui qui exprime une action qui est faite. Ce participe n'est jamais terminé en *ant* ; ainsi, quand on dit : *un homme aimé*, *un ouvrage fini*, *un présent reçu*, *un service rendu* ; *aimé*, *fini*, *reçu*, *rendu*, sont des partipes passifs.

Le participe actif ne se décline point, et l'on dit également : *un jeune homme aimant l'étude, une demoiselle aimant l'étude, des enfans lisant, des femmes lisant.*

Le participe passif ne se décline point non plus, lorsqu'il est suivi d'un nom substantif, comme dans ces exemples : *j'ai fini mes affaires, nous avons reçu vos lettres.* Mais il se décline lorsque le nom substantif est avant le participe, et alors il faut les faire accorder ensemble en genre et en nombre, et dire : *mes affaires sont finies, vos lettres ont été reçues, les ouvrages que j'avais commencés sont finis,* etc.

On voit par là que le participe passif est déclinable comme les noms adjectifs.

EXEMPLES.

Je me suis réjoui, ou elles se sont réjouies de votre bonheur.
Les femmes ne sont pas soumises aux mêmes peines dont les hommes sont punis.

Le participe passif est indéclinable lorsqu'il est suivi du nominatif de la phrase, comme dans ce qui suit :

EXEMP. *J'ai reçu toutes les lettres que m'ont écrit mes amis: Avez-vous vu la lettre que vous a écrit votre père ?*

Si le nominatif était avant le participe, il deviendrait déclinable ; il faudrait dire : *j'ai reçu les lettres que mes amis m'ont écrites. Avez-vous vu la lettre que votre père vous a écrite ?*

DU GÉRONDIF.

Le gérondif est un mot qui se termine en *ant* comme le participe actif, et toute la différence qu'il y a entre ces deux mots, c'est qu'on peut toujours mettre *en* avant le gérondif ; ce qu'on ne peut pas faire avant le participe.

EXEMP. Etudiant *comme vous faites, vous deviendrez savant:*

Etudiant est un gérondif, parce qu'on peut dire : *en étudiant comme vous faites,* etc.

Il faut cependant excepter de cette règle les géroudifs *ayant* et *étant*, avant lesquels on ne peut jamais mettre *en*.

DE L'ADVERBE.

L'adverbe est un mot indéclinable qui se met auprès du verbe pour marquer la manière dont se fait l'action exprimée par le verbe, comme quand on dit : *je vous aime tendrement, servez-moi fidèlement, vivons chrétiennement* : *tendrement, fidèlement, chrétiennement*, sont des adverbes ; il y en a une infinité d'autres.

Il y a deux sortes d'adverbes ; les adverbes simples, et les adverbes composés.

Les adverbes simples sont ceux qui s'expriment en un seul mot ; comme *tendrement, fidelement, chrétiennement*.

Les adverbes composés sont ceux qui sont composés de plusieurs mots : tels que sont, *sans façon, tour-à-tour*, etc. ; *agir sans façon, chanter tour-à-tour*, etc.

Manière de connaître les adverbes.

Un mot est adverbe, quand il peut répondre à un de ces quatre mots : *quand, où, combien, comment*.

EXEMP. *Nous irons* bientôt *vous voir, et nous irons* en voiture.

Dans cet exemple, *bientôt* est adverbe, parce qu'on peut dire : *quand irons-nous ? bientôt. En voiture* est encore adverbe, parce qu'on peut dire : *comment irons-nous ? en voiture.*

Autre EXEMP. *Les uns se placeront* devant, *les autres* derrière.

Devant et *derrière* sont des adverbes, parce qu'on peut dire : *où nous placerons-nous ? devant, derrière.*

Autre. EXEMP. *Nous serons* bonne compagnie, *et nous dépenserons* fort peu de chose.

Bonne

Bonne compagnie est adverbe, parce qu'on peut dire : *combien serons-nous ? bonne compagnie.* *Fort peu de chose* est encore adverbe, parce qu'on peut dire : *combien dépenserons-nous ? fort peu de chose.*

DE LA PRÉPOSITION.

La préposition est un mot indéclinable qui a toujours un nom substantif ou un pronom pour régime.

Il y a deux sortes de prépositions ; les prépositions simples, et les prépositions composées.

Les prépositions simples sont celles qui s'expriment en un seul mot ; comme *après*, *avec*, *dans*.

EXEMP. Après *l'office ; dînez avec moi ; entrons dans la maison.*

Les propositions composées sont celles qui sont composées de plusieurs mots, comme *en présence de, par rapport à, vis-à-vis de*, etc.

EXEMP. En présence de *tout le monde.* Par rapport à *vous.* Vis-à-vis *de ma fenêtre.*

Le mot *près* est une préposition ; il est indéclinable lorsqu'il est terminé par une *s*, il signifie *sur le point de.*

EXEMPLE. *Votre ami est* près *d'arriver.* c'est-à-dire, *sur le point d'arriver.*

Le mot *prêt* est adjectif et déclinable lorsqu'il est terminé par un *t* ; il signifie *disposé à.*

EXEMP. Etes-vous prêt *à partir*, ou prête *à partir ?* c'est-à-dire, *êtes-vous disposé à partir*, ou *disposée à partir ?*

On voit par là que *près de mourir* signifie *sur le point de mourir* ; et *prêt à mourir* signifie *disposé à mourir.*

Avant est préposition quand il a un régime, comme dans *avant la fin du jour.*

Avant est adverbe quand il n'a point de régime, comme dans *s'enfoncer trop avant*.

Devant est préposition dans *marchez devant moi*, parce qu'il a le pronom *moi* pour régime ; mais il est adverbe dans *je marcherai derrière, et vous devant*, parce qu'ici il n'a point de régime.

DE LA CONJONCTION.

Une conjonction est un mot indéclinable qui sert à lier ensemble les parties d'une phrase ; tels sont *si*, *aussi*, *quand*, *encore*, *par conséquent*, *quand bien même*, et une infinité d'autres.

EXEMPLES.

Si vous allez à la campagne, j'irai aussi.
Je n'étais pas encore au logis, quand vous y arrivâtes.

Si on ôte de ces deux phrases les conjonctions *si*, *aussi*, *quand*, *encore*, il n'y aura plus aucun sens. Ainsi les conjonctions servent à lier les mots, et établissent le sens des phrases.

Les conjonctions sont simples ou composées ; les simples sont *si*, *aussi*, *quand*, *encore*, etc. Les composées sont *par conséquent*, *quand bien même*, *c'est pour cela que*, *ni plus*, *ni moins que*, et plusieurs autres.

EXEMPLES.

Vous dites que vous voulez être savant : par conséquent vous devez étudier.
Il faut dire la vérité, quand bien même elle ne vous serait pas avantageuse.
Vous avez fait une belle action, et c'est pour cela qu'on vous estime.
Je vous aime ni plus ni moins que si vous étiez mon frère.

Que est conjonction, lorsqu'il est au commencement ou au milieu d'une phrase, et qu'il ne peut pas se tourner par *lequel* ou *laquelle*, *lesquels* ou *lesquelles*, etc.

EXEMPLE.

Que chacun prenne garde à soi, ou il faut que chacun prenne garde à soi, etc.

Que, dans ces exemples, ne se rapporte à aucun nom substantif, et ne peut se tourner par *laquelle*, ou *lesquelles*, etc.

Il y a quelques prépositions qui deviennent conjonctions, lorsqu'elles se trouvent avant un verbe à l'infinitif.

E X E M P L E S.

Loin de blâmer votre conduite, je la loue.
Il faut être honnête homme, jusqu'à tout sacrifier à la probité
On ne doit se reposer qu'après avoir travaillé.
Il faut mériter pour obtenir.
On ne doit blâmer personne sans l'entendre.

On voit par ces différens exemples, que les mots *loin de*, *jusqu'à*, *après*, *pour*, *sans*, qui sont ordinairement prépositions, avant un nom substantif ou un pronom, deviennent ici des conjonctions, parce qu'ils sont avant des verbes à l'infinitif.

DE L'INTERJECTION.

Une interjection est un mot indéclinable, dont on se sert pour exprimer les différens mouvemens de l'ame.

E X E M P L E S.

Pour exprimer la joie, on dit,	Ah ! bon.
Pour applaudir,	Fort bien.
Pour la peine ou le plaisir,	Tant pis, tant mieux.
Pour exprimer la douleur,	Hélas ! mon Dieu !
Pour exprimer l'aversion, le mépris,	Fi, fi donc !
Pour encourager,	Allons, courage.
Pour arrêter,	Tout beau ! doucement !
Pour faire cesser,	Holà, assez.
Pour faire taire.	Paix, paix-là !

Le ton de la voix distingue et détermine ordinairement le sens de l'interjection ; chacune doit avoir une inflexion particulière, suivant les différentes passions qui animent la personne qui parle.

INSTRUCTION

Pour les personues qui enseignent à lire.

L'ÉCRITURE a, comme le discours, ses pauses, ses intervalles ; pour les distinguer, on a inventé la *Ponctuation*. On appelle ainsi la manière de placer les points et les virgules dans le discours imprimé, écrit ou prononcé. Le point marque l'intervalle le plus considérable. On fait toujours usage de la virgule pour séparer tous les membres d'une phrase qui sont unis par la construction. On a cru devoir mettre sous les yeux des enfans des exemples qui servent à leur faire connaître l'usage du point et de la virgule, employée séparément ou ensemble.

On admet encore dans l'écriture d'autres figures, sur lesquelles il a paru essentiel de donner quelques instructions. Ces figures sont :

L'apostrophe ('),

Le trait d'union (-),

Les deux points sur les voyelles (ë, ï, ü),

La cédille (ç),

Et la parenthèse ( ).

DE LA PONCTUATION.

La ponctuation consiste à placer les points et les virgules de manière à établir le sens et la clarté du discours écrit ou prononcé.

La ponctuation est composée de six petits caractères, dont voici les noms et la forme.

Caractères de la Ponctuation.

, La Virgule. — ; Le Point avec la Virgule.

: Les deux Points. — . Le Point seul.

? Le Point d'interrogation.

! Le Point d'admiration.

Manière de placer la Virgule.

On place la virgule à l'endroit de la phrase où l'on s'arrête pour reprendre haleine, quoique le sens ne soit pas fini. Exemple tiré de l'Oraison funèbre de M. le Vicomte de Turenne, par M. Fléchier.

« Turenne meurt, tout se confond, la for-
» tune chancelle, la victoire se lasse, la paix
» s'éloigne, l'armée en deuil s'occupe à lui
» rendre les devoirs funèbres, etc. »

On place encore la virgule après les noms de Dieu et des Saints, d'arts, de sciences, de lieux, de pays, de grands hommes, etc., comme dans les exemples suivans :

« Nous devons à Dieu, à la Sainte Vierge, à
» la Religion, l'hommage le plus sincère, etc. »

« Les enfans doivent apprendre de bonne
» heure l'histoire, la géographie, la musique,
» les langues vivantes, etc. »

« Les quatre parties du monde sont l'Europe,
» l'Asie, l'Afrique et l'Amérique. »

« Alexandre, César, etc., ont acquis moins
» de véritable gloire que Charlemagne, saint
» Louis, etc. »

11 *

Manière de placer le Point avec la Virgule.

Le point avec la virgule servent à séparer les différens membres d'une longue phrase, dont le sens complet dépend de différentes parties. En voici un exemple tiré du même discours de M. Fléchier sur la mort de M. de Turenne.

« N'attendez pas, Messieurs, que j'ouvre
» ici une scène tragique ; que je représente ce
» grand homme étendu sur ses propres trophées ;
» que je découvre ce corps pâle et sanglant,
» auprès duquel fume encore la foudre qui l'a
» frappé ; que je fasse crier son sang comme
» celui d'Abel, etc. »

Autre exemple tiré du même discours.

« Si M. de Turenne n'avait su que combattre
» et vaincre ; si sa valeur et sa prudence n'avaient
» été animées d'un esprit de foi et de charité, je
» le mettrais au rang des Fabius et des Scipion. »

Manière de placer les deux Points.

Les deux points marquent un sens plus complet que le point et la virgule ; on les met après une phrase dont le sens est achevé, mais à laquelle on ajoute encore quelque chose pour l'éclaircir. En voici un exemple :

Madame de Sévigné raconte, dans une lettre écrite à son gendre, la mort de M. de Turenne.

» C'est à vous que je m'adresse, mon cher
» Comte, pour vous écrire une des plus grandes
» pertes qui pût arriver en France : c'est la
» mort de M. de Turenne. »

Autre exemple tiré du même discours, par M.
Fléchier.

« Dieu immole à sa souveraine grandeur de
» grandes victimes : il frappe, quand il lui plaît,
» les têtes illustres qu'il a couronnées. »

Manière de placer le Point seul.

Le point seul se met à la fin des phrases dont

le sens et complet et indépendant de toute autre phrase : en voici un exemple. (C'est encore Madame de Sévigné qui écrit à son gendre la mort de M. de Turenne.)

« Je suis assurée que vous serez aussi touché
» et aussi désolé que nous le sommes ici. Cette
» nouvelle arriva lundi à Versailles. Le Roi en
» a été affligé comme on doit l'être de la perte
» du plus grand capitaine, et du plus honnête
» homme du monde. Jamais un homme n'a été
» regretté si sincèrement. Tout Paris était dans
» le trouble et dans l'émotion. Chacun parlait et
» s'attroupait pour regretter ce héros. »

Manière de placer le Point d'interrogation.

Le point d'interrogation se met à la fin d'une phrase qui exprime une interrogation. En voici un exemple tiré de l'*Ode à la Fortune*, par M. J. B. Rousseau.

« Fortune, dont la main couronne
» Les forfaits les plus inouis,
» Du faux éclat qui t'environne,
» Serons-nous toujours éblouis ?
» Jusques à quand, trompeuse idole,
» D'un culte honteux et frivole
» Honorerons-nous tes autels ?
» Verra-t-on toujours tes caprices
» Consacrés par les sacrifices
» Et par l'hommage des mortels ? »

Manière de placer le Point d'admiration.

Le point d'admiration se met à la fin d'une phrase qui exprime une exclamation. En voici un exemple tiré d'une des odes sacrées de M. J. B. Rousseau.

« O que tes œuvres sont belles !
» Grand Dieu ! quels sont tes bienfaits !
» Que ceux qui te sont fidèles
» Sous ton joug trouvent d'attraits ! etc. »

Des figures employées dans l'impression ou dans l'écriture.

L'ORTHOGRAPHE a admis dans notre langue des caractères particuliers consacrés à différens usages.

' L'apostrophe marque la suppression d'une voyelle. Elle se place ordinairement au-dessus de la lettre supprimée. On écrit *l'amour*, au lieu de *le amour*; *l'amitié*, au lieu de *la amitié*.

.. On met sur l'*e*, l'*i* et l'*u*, deux points; on appelle ces voyelles *ë tréma*, *ï tréma*, *ü tréma*. On emploie ces deux points pour marquer que la voyelle sur laquelle ils sont placés forme une syllabe distincte, et que le son qu'elle doit produire ne doit pas être confondu avec celui d'une voyelle dont elle serait précédée; ces deux points sont ainsi destinés à ôter toute équivoque. On prononce *Sa ül*; s'il n'y avait pas les deux points sur l'*u*, on prononcerait *Saul*. On dit *ai gu ë*, *am bi guë*, et si l'*e* n'était pas marqué de deux points, on prononcerait les deux dernières syllabes de ces mots, comme les dernières syllabes des mots *langue*, *fatigue*.

ç La cédille est une espèce de petit *c* retourné; elle se place ordinairement sous le *ç*. Elle sert à marquer qu'il faut adoucir le son de cette lettre devant *a*, *o*, *u*. Le *ç* marqué d'une cédille produit à peu près le son de l'*s* suivie d'un *a*, d'un *o*, d'un *u*. On écrit *leçon*, *il commença*, *il prononça*, *il a conçu*; on prononce *leson*, *il commensa*, *il prononsa*, *il a consu*.

( ) On appelle *parenthèses* deux crochets

placés en regard, entre lesquels on renferme un petit nombre de paroles qui interrompent le sens du discours, et qui sont cependant nécessaires à l'intelligence de la phrase, comme on peut voir dans l'exemple suivant :

Le vainqueur de Renaud (si quelqu'un le peut être) sera digne de moi.

- Le trait d'union sert à unir deux mots qu'il faut prononcer comme s'ils n'en formaient qu'un. Exemples :

Croit-il être instruit ? Veut-il étudier ? Dût-il périr ? Aime-t-il l'étude ?

— Le trait de séparation sert à remplacer les *dit-il*, *dit-elle*, qui dans les dialogues rendent le discours traînant et insipide.

...... Depuis quelque temps on coupe en France les phrases par une suite de points placés horisontalement les uns après les autres Cet usage a pour objet de montrer à tout le monde qu'il faut faire une pause aux phrases ainsi séparées

» On emploie encore dans l'imprimerie de petits caractères appelés *Guillemets* ; c'est une double virgule que l'on place au commencement de toutes les phrases et de toutes les lignes d'une citation. On trouvera dans le morceau suivant des exemples de la différente ponctuation et de tous les caractères qui servent à marquer les nuances d'un discours.

L'ENFANT BIEN CORRIGÉ.

Le pauvre Nicolas, tout courbé sous le poids
D'un énorme fagot, s'en revenait du bois,
Un soir beaucoup plus tard qu'il n'avait de coutume.
En marchant, il disait, d'un ton plein d'amertume ;
« La bonne Margueritte est bien triste à présent ;
　　» Elle s'inquiette, elle pleure :
　　　　» Chaque moment
　　　» Lui paraît long, long comme une heure.
» Antoine est triste aussi. C'est un si bon enfant :
　　　» C'est tout le portrait de sa mère.
　　　» Si les Dieux nous aident, j'espère
　　　» Qu'il sera tendre et bienfaisant.
» Cet espoir est bien doux. Mais voici que j'approche ;
» Ils seront consolés quand ils me reverront.
　　　　» S'ils me faisaient quelque reproche ,
» Je leur dirais pourquoi j'ai tardé si long-temps ;
» Au lieu de m'en vouloir, ils seront bien contens. »
　　　Tout en raisonnant de la sorte,
　　　Nicolas arrive à sa porte.
Il entre, il voit sa femme assise auprès du lit ;
　　　Sur la traverse de sa chaise,
Sa tête est renversée, elle pleure et gémit !
Son fils est à genoux ; il tient, il presse, il baise
Sa main qu'elle paraît vouloir lui retirer.
« Cessez, dit Nicolas, cessez de soupirer :
» Me voilà bien portant... Est-ce ainsi qu'on m'embrasse ?
» Vous ne me dites rien ? Mon fils, tu ne viens pas
　　　» Te jeter dans mes bras ?
　　　» Une caresse me délasse ;
» Tu le sais bien ; viens donc ! Ils veulent me punir.
» Ne boudez plus : tenez, mettez-vous à ma place ;
» Voyez si je devais plutôt m'en revenir.
» J'avais fait mon fagot ; je sortais du bocage ;
» Il n'était pas encore absolument bien tard,
» Quand j'y vois arriver un malheureux vieillard ;
　　　» Il est, je crois, de ce village
» Que par notre fenêtre on aperçoit là-bas.

» Il se traînait à peine. A voir votre démarche,
     » Lui dis-je, Patriarche,
     » Vous semblez déjà las.
     » Il me répond par un hélas !
» Qui me fait grand pitié. Vîte, je prends ma hache,
» Je lui coupe un fagot (je ne le fais pas gros,
» Il ne l'eût pas porté) de deux harts je l'attache,
     » Et le met sur son dos.
     » Il me remercie et me quitte.
» Je veux doubler le pas pour arriver plus vîte ;
     » La neige tient à mes sabots ;
» Et m'empêche.... mais quoi ! ma chère Marguerite,
» Encore des soupirs, encore des sanglots !
» Tu ne pardonnes point ? et tu ne m'aimes guère ?
» Je ne l'aurais pas cru ». Marguerite, à ces mots,
Le prenant par la main, lui dit : « Malheureux père,
Pourrais-tu désirer d'être aimé de la mère
     Du fils le plus méchant ?
— Antoine, méchant ! lui, non, non, son caractère
Est bon, je le connais ; il est encore enfant :
Il aime à folâtrer, c'est le droit de son âge ;
     Mais laisse faire, en grandissant
     Il sera bon et sage.
— Dis plutôt cruel. — Non, je le promets pour lui.
Antoine, tu devrais le promettre toi-même,
Et tâcher d'apaiser une mère qui t'aime.
Mais approche, dis-moi : qu'as-tu fait aujourd'hui
Pour la fâcher ? réponds, puisque je le demande....
Vous vous cachez, mon fils, la faute est donc bien grande.
— Très-grande, cher époux ; mais il en est honteux,
C'est bon signe. — Dis-moi ce que c'est. — Tu le veux ;
     Tu seras fâché de l'entendre ;
Mais enfin tu le veux, tu le sauras. Ce soir,
     Comme il m'ennuyait de t'attendre,
J'ouvrais de temps en temps la porte, et j'allais voir
     Si tu venais ; une fauvette
     Entre avec moi dans la maison,
     Puis se blottit sur la couchette.
     Elle grelottait. La saison
     Est pour cela bien assez dure.
     Je la réchauffais dans mon sein,
     De mon haleine et sous ma main,

Lorsque je vois entrer la fille de Couture,
La petite Babet. La pauvre créature,
　　En tombant sur des échalas,
Dans sa vigne, ici près, s'est déchiré le bras.
　　　Elle pleurait, et sa blessure
　　　Saignait beaucoup. Ce n'est pas moi
　　　Qu'elle demandait ; c'était toi.
Voyant que tu tardais, et qu'elle était pressée,
　　　Comme j'ai pu, je l'ai pansée.
　　　　Pour la panser, j'ai pris
　　　　Le baume du pot gris :
Est-ce bien celui-là ? Me serai-je trompée ?
— C'est bon. Après ! — Tandis que j'étais occupée
A tout cela, ton fils, à qui j'avais donné
La fauvette à tenir, dans un coin s'est tourné,
Et puis.... — Achève donc. — Et puis il l'a plumée.
— Quoi plumée ? Oui, par-tout le corps,
Hors les aîles pourtant. La porte était fermée,
Il a bien su l'ouvrir pour la mettre dehors.
　　　Elle a volé, la malheureuse ;
　　　Elle volait en gémissant.
　　　J'entendais sa voix douloureuse
Qui me saignait le cœur.... Nous aurons un méchant
Juge ce qu'il fera, s'il devient jamais grand.
Voilà, mon bon ami, ce qui me désespère.
Aurais-tu fait cela quand tu n'étais qu'enfant ?
　　　Moi qui disais à tout instant :
Mon cher Antoine aura la bonté de son père.
Aussi je l'aimais trop. Que Dieu m'en punit bien !
　　　— Vas, vas, console-toi, ma chère,
　　　Sèche tes pleurs et ne crains rien.
　　　Il est là-haut une justice
　　　Aux bons parens toujours propice.
S'il doit être méchant, les Dieux nous l'ôteront.
　　　Non, jamais ils ne permettront......
Approche-toi, mon fils, viens, viens que je t'embrasse,
Que je t'embrasse, hélas ! pour la dernière fois.
Tu fais bien de pleurer : je pleure aussi, tu vois.
Mets ta main sur mon cœur ; tiens, c'était là ta place ;
Car je t'aimais, Antoine et c'était mon bonheur.
Je ne t'aimerai plus.... Oh, si fait, j'ai beau dire,

Je t'aimerai toujours : ce sera ma douleur.
Ciel ! j'aimerai donc un.... J'ai peur de té maudire.
Il faut les ramasser les plumes de l'oiseau,
 Et les pendre à ce soliveau.
  Ramasse-les, ma femme,
Quand nous l'aimerons trop, nous les regarderons ;
 En les regardant, nous dirons :
Il ne faut point aimer une aussi méchante ame.
Ce pauvre oiseau, mon fils ; (reste sur mes genoux)
Ce pauvre oiseau, crois-tu que la seule froidure
  L'ait amené chez nous ?
  Non, c'est l'Auteur de la nature,
  Qui le mettait entre nos mains.
C'était nous ordonner de lui sauver la vie ;
Il prend soin des oiseaux tout comme des humains.
Et vous l'avez plumé ? S'il me prenait envie
De vous envoyer nu passer la nuit au froid,
  Vous m'en avez donné le droit,
  Vous n'auriez point à vous en plaindre.
Mais je serais méchant, je vous ressemblerais,
  Et plus que vous j'en souffrirais.
Ne tremble point, mon fils, va, tu n'as rien à craindre,
Car je sens que je t'aime, et t'aimerai toujours.
  J'espérais que, dans la vieillesse,
De ta mère et de moi tu serais le secours,
  Et tu vas abréger nos jours
  Par les chagrins et la tristesse.
— Ah maman ! ah papa ! baisez-moi de bon cœur ;
Non, vous ne mourrez pas de chagrin, de douleur :
  Tout le bien que je pourrai faire,
  Je vous promets, je le ferai.
Je serai bon enfant, je vous ressemblerai.
  Aisément un père et une mère
Se laissent attendrir. Antoine eut son pardon :
  Il tint sa promesse, il fut bon.
  Il fut si vertueux, si sage,
  Qu'on le montrait, dans le canton,
  A tous les enfans de son âge.
Un jour qu'il regardait tristement au plancher,
Sa mère qui le vit, alla prendre une échelle.
  « Monte mon fils, monte, dit-elle,
  » Et va promptement détacher 12

» Les plumes de l'oiseau : c'est-là ce qui t'afflige ;
» Jette-les au feu, ne crains rien :
 » Ton père le veut bien.
» Tu le veux, n'est-ce pas ?—Oui,—Jette-les, te dis-je,
 » Et qu'il n'en reste aucun vestige.
 » — Non, maman, je les garderai ;
 » A mes enfans, si Dieu m'en donne,
 » En pleurant je les montrerai.
 » En même temps je leur dirai :
» Un jour je fus méchant, et maman fut trop bonne. »

Par LE MONNIER.

LES VRAIS PRINCIPES

DE LA LECTURE,

DE L'ORTHOGRAPHE

ET DE LA PRONONCIATION

FRANÇAISE.

SECONDE PARTIE.

INSTRUCTION

Pour les personnes qui enseignent à lire.

On a renfermé, dans la première partie de ce Livre, tout ce qui regarde *la prononciation de la langue française*, *l'Orthographe* et *la Grammaire* : on s'est attaché, dans cette seconde partie, à donner aux jeunes personnes une idée de nos connaissances. Les pages suivantes contiennent une suite de pièces de lecture sur différens mots rangés alphabétiquement. On n'a eu d'autre objet que de

donner aux enfans de simples notions relatives aux arts, aux sciences, à la religion,
à la guerre, au commerce, et généralement
à tout ce dont il est nécessaire et agréable
d'avoir quelques idées nettes et précises.

Il serait important, pour un enfant, que
son maître s'arrêtât avec lui à considérer
chacun de ces différens objets, et à les retourner, pour ainsi dire, sous ses yeux : ce
sont autant de germes qui, jetés adroitement
dans l'esprit, sont bien propres à l'enrichir
et à lui donner de la fécondité.

On a trouvé à propos aussi de mettre à
suite quelques petites anecdotes roulant spé-
cialement sur la morale. Si les enfans se
plaisent à en entendre raconter, à plus forte
raison ils aimeront à les lire. On fera donc
bien de les exercer à la lecture de ces his-
toriettes, et de leur faire même apprendre
par cœur ; on leur inculquera par ce moyen,
dans l'esprit, des principes de la sainte
morale, qui seule forme la vraie éducation.

PETITES PIÈCES DE LECTURE.

L'Agriculture.

ON pourrait absolument se passer de certaines connaissances, qu'on ne recherche que pour l'ornement de l'esprit ; mais l'Agriculture en est une nécessaire, puisqu'elle enseigne à faire produire à la terre les fruits et les légumes. C'est aussi, par les soins de l'Agriculture, que nous avons des arbres assez forts pour construire des maisons, et pour d'autres d'usages.

L'Algèbre.

On trouve dans l'Algèbre une façon de calculer plus prompte et plus étendue encore que dans l'arithmétique ; mais l'Algèbre est une science qui paraît si difficile, qu'on dit communément de quelque chose qu'on a de la peine à comprendre : *c'est de l'Algèbre.*

L'Anatomie.

Le corps humain est composé de tant de parties, qu'il faut une longue étude pour les connaître, et une grande expérience pour savoir quelles sont leurs fonctions. L'Anatomie, qui donne cette connaissance, a plusieurs divisions, dont la principale est l'ostéologie, qui enseigne à l'Anatomiste à distinguer les différentes propriétés des os.

L'Arithmétique.

On peut dire que l'Arithmétique ou l'art de chiffrer est une des plus utiles sciences. C'est en suivant ses principes qu'on compte avec certitude, et qu'on suppute d'un trait de plume les nombres les plus divisés. Les caractères qu'on emploie pour compter, sont de deux espèces. Le chiffre arabe dont on se sert communément, et le chiffre romain ou chiffre de finance. Tel est celui qui marque l'heure sur nos cadrans.

L'Achitecture.

Si l'on veut bâtir solidement une maison, la rendre commode, et l'orner avec goût, il faut se rendre familières les règles de l'Architecture. Les Architectes, avant que de commencer un bâtiment, en tracent sur le papier le plan et l'élévation.

On appelle Architecture civile, l'art de construire les maisons ; comme on appelle Architecture militaire, l'art de fortifier les places. Les ouvriers, employés aux bâtimens, travaillent sous les ordres de l'Architecte.

Les Arts et Métiers.

On nomme Arts et Métiers ce qui fait l'occupation des artisans et des ouvriers. Il y a peu de ces métiers qui ne tiennent aux mathématiques, ou à quelque autre science. Les manufactures sont des maisons où l'on rassemble plusieurs ouvriers pour la même entreprise. Telles sont les manufactures de glace, de fer-blanc, de verres, de draps, de tapisserie.

L'Artillerie.

On ne saurait s'emparer d'une place forte sans le secours du canon, des bombes, des grenades et des autres machines de guerre qui sont en usage pour détruire les remparts, et brûler les villes qui font résistance.

On comprend dans l'Artillerie l'art de construire ces machines, et la perfection des différentes manœuvres qu'on emploie pour s'en servir avec succès.

L'Astronomie.

Les Astres ont une grandeur déterminée, dont les Astronomes rendent un compte exact, et ils connaissent si bien la distance et le cours de ces astres, qu'ils annoncent une éclipse qui ne doit paraître que dans cent ans, dans mille ans.

Le progrès que l'on fait dans l'étude de la sphère, sert beaucoup à l'intelligence de l'Astronomie.

L'Astrologie.

Plus on a d'admiration pour la certitude de l'Astronomie, plus on a de mépris pour la fausseté de l'Astrologie judiciaire. Les Astrologues prétendent lire dans les Astres le bonheur ou le malheur de ceux qui ont la faiblesse de les consulter; mais toutes les sciences qui ont la divination pour objet, telles que la chiromancie, la négromancie, la cabale et quelques autres encore, sont des sciences que les gens sensés ne connaissent que pour en faire sentir le ridicule.

Les Belles-Lettres.

Connaître les auteurs qui ont écrit en prose ou en vers, dans quelque langue que ce soit, c'est savoir les Belles-Lettres.

On donne le titre d'hommes lettrés à ceux qui ont lu avec réflexion, et qui ont retenu ce qu'il y a de meilleur dans les livres. Rien ne fait tant d'honneur que d'être en état de citer à propos quelques vers ou quelques phrases d'un auteur.

C'est ce qu'on appelle *avoir de l'érudition,*

Le Blason.

Chaque royaume , chaque ville , chaque communauté , chaque famille , a une marque particulière qu'on grave , qu'on brode ou qu'on peint sur ce qui leur appartient ; ces marques sont connues sous le nom d'armes ou d'armoiries.

L'art héraldique , ou le blason , apprend à nommer en termes propres ou particuliers toutes les parties qui composent ces armoiries. Pour blasonner les armes de France , par exemple, on dit qu'elles sont d'*azur* , *à trois fleurs de lis d'or*.

La Botanique.

Une partie des plus essentielles de l'agriculture, et la plus utile à la médecine , c'est sans contredit la Botanique.

Nous connaissons environ 6,000 plantes. Un Botaniste doit en indiquer les noms et les espèces , et doit sur-tout savoir quel est l'usage de chacune de ces plantes.

La Botanique s'appelle aussi la connaissance des simples.

La Chimie.

Les trois règnes de l'histoire naturelle font l'occupation de la Chimie. Elle distille les plantes , pour en séparer le pur et l'impur ; elle travaille les métaux pour les rendre plus parfaits. Différentes parties des animaux sont aussi mises en œuvre par les Chimistes. Les opérations qui ne tendent qu'à la composition des médicamens , appartiennent à la Pharmacie , qu'on appelle aussi apothicairerie et pharmacopée.

La Chirurgie.

Un Chirurgien doit avoir une connaissance parfaite de l'anatomie, pour réparer les accidens qui peuvent arriver à chaque partie du corps : il panse les plaies, il redresse et rétablit les membres offensés ou rompus. Toutes les opérations, enfin, qu'on est obligé de faire sur le corps humain, sont enseignées par la Chirurgie.

Le Commerce.

Sans le commerce, nous manquerions d'un grand nombre de choses qui viennent des pays étrangers ; les étrangers manqueraient aussi de tout ce qu'ils tirent de chez nous.

Acheter des étoffes, des meubles, des denrées dans tous les pays, et dans toutes les villes du monde, envoyer dans ces pays et dans ces villes des marchandises pour y gagner ; c'est faire le commerce, c'est être dans le négoce. Les Banquiers commercent aussi en argent, par le moyen des lettres de change.

La Critique.

Il semble qu'il soit aisé de critiquer les actions ou les ouvrages qui méritent de l'être, et rien ne demande plus d'art et de ménagement pour le faire, de façon que ceux même qui sont critiqués ne puissent s'en plaindre.

La critique est de tous les talens le plus dangereux ; et l'on ne peut en éviter les inconvéniens, qu'en l'accompagnant de toute la politesse possible.

La Chronologie.

Les événemens dont parle l'histoire, sont arrivés dans des temps différens, qu'il est important de retenir pour ne pas les confondre. L'exactitude dans les citations qu'on fait de ces temps, se nomme *Chronologie.*

Un Chronologiste sait dans quel temps la ville de Rome a été bâtie ; en quelle année Jésus-Christ est mort ; quel jour Louis XV fut sacré roi de France ; et généralement les dates précices de chaque trait d'histoire.

La Danse.

Tout le monde connaît la danse ; on sait que c'est l'art de former, au son des instrumens, différens pas, qui doivent toujours conserver les grâces de la belle nature.

Mais bien des gens ignorent que la chorégraphie apprend à tracer et à distinguer sur le papier les différentes figures de toutes sortes de danses et de ballets les plus composés.

Le Dessin.

Nous connaissons peu d'arts qui puissent se passer du dessin. Tracer au crayon la vue d'une campagne, une figure, la façade d'une maison, d'un jardin, les fleurs d'une étoffe, est ce qu'on appelle *dessiner.*

Il y a des Dessinateurs qui ne travaillent que pour l'Architecture ; les uns pour le paysage, et les autres pour l'ornement.

La Déclamation.

Les discours composés selon les règles de la rhétorique, se prononcent avec une exactitude et un ton mesuré, qu'on nomme déclamation. Un orateur (c'est le nom de ceux qui font ces discours) doit avoir autant d'attention à prononcer qu'à composer. La déclamation du poème dramatique, est ce qu'on appelle jouer la comédie. Réciter des vers comme ils doivent être récités, c'est aussi déclamer.

Les bons déclamateurs sont rares.

Les différens Exercices.

L'art de tirer des armes est un exercice nécessaire à un homme exposé à attaquer et à se défendre l'épée à la main.

Plusieurs exercices sont aussi en usage pour l'utilité et pour l'amusement ; ils ont chacun leurs règles particulières : tels sont l'art de voltiger , la chasse aux chiens courans , la chasse aux oiseaux de proie, la pêche, et beaucoup d'autres.

L'Economie.

Les détails qu'exigent les différentes nécessités de la vie, sont les détails de l'économie. Un esprit économe , persuadé que la plus belle économie est de donner le plus souvent que l'on peut, mais qu'il faut donner à propos , sait régler sa dépense sans avarice et sans prodigalité.

L'Ecriture.

L'Ecriture trace, par un certain nombre de caractère décidés , tout ce que l'esprit peut penser ; et , comme dit un poète, l'écriture est l'art *de peindre la parole et de parler aux yeux.*

La forme différente qu'on donne aux lettres qui composent l'écriture , lui donne aussi différens noms. Nous avons l'écriture gothique , la bâtarde ou italienne , la ronde , la française , la coulée ou financière , et la romaine.

La Fable.

La fable était la religion des païens ; ils adoraient plusieurs dieux. La connaissance de ces faux dieux , et de tout ce qui a quelque rapport à eux, se nomme aussi mythologie ; il faut prendre garde de confondre la fable avec les fables qui sont de petits contes que l'on récite. On appelle *Fabulistes* ceux qui font des fables ; et *Mythologistes* ceux qui savent la mythologie.

La Finance.

Tous ceux qui font leur principale occupation de recevoir et de donner de l'argent, sont appelés *gens de finance*. Les Receveurs lèvent les sommes qui sont dues au Roi dans chaque Province de son Royaume ; et les trésoriers paient par son ordre les différens officiers qui le servent : ce qu'il faut savoir pour réussir dans la distribution et le maniement de cet argent, est ce qu'on appelle *finance*.

Les Fortifications.

Pour bien attaquer ou défendre une place, il faut en connaître le fort et le faible. L'étude des fortifications, qu'on appelle *l'architecture militaire*, donne cette connaissance, en enseignant à élever des remparts, des demi-lunes et d'autres ouvrages qui puissent empêcher l'ennemi d'aborder. Les Ingénieurs sont ceux qui font une étude plus particulière des fortifications et des travaux nécessaires pour se rendre maître d'une ville fortifiée.

La Géographie.

La connaissance générale des parties qui composent le monde, s'appelle *Géographie*. Pour donner cette connaissance, sans être obligé de parcourir des pays immenses, les Géographes tracent sur des cartes la situation et la forme de ces pays. On distingue facilement, sur les cartes, les mers, les montagnes, les rivières, les villes, et tout ce qui forme le monde terrestre.

La Géométrie.

Le traité le plus important des mathématiques, et qui aide le plus à réussir dans l'étude des autres traités, c'est la Géométrie. Le bon Géomètre mesure et divise, par des règles certaines, tout ce qui se présente à la vue, et même à l'imagination.

La

La Généalogie.

On ne doit point négliger de connaître le commencement, les progrès et les alliances des familles illustres. Chaque famille a sa généalogie c'est-à-dire, une suite conuue de pères, grands-pères, bisaïeuls, trisaïeuls, etc. Louis XV était fils de Louis duc de Bourgogne, qui avait épousé Marie-Adélaïde de Savoie. Le Duc de Bourgogne était petit-fils de Louis XIV. Louis XIV était fils de Louis XIII. C'est ainsi qu'un Généalogiste expose les degrés de parenté.

La Guerre.

Dès qu'un Souverain a de justes raisons de se plaindre d'un autre Souverain, il lui déclare la guerre. Il envoie sur les terres de son ennemi un nombre considérable de troupes pour s'emparer des villes qui sont sous son obéissance. L'art de la guerre est celui d'attaquer et de défendre ces villes, et les chemins qui y conduisent : c'est la science d'un général d'armée, et de tous les officiers qui servent sous ses ordres.

La Grammaire.

L'assemblage des règles établies pour parler correctement une langue, s'appelle Grammaire. On dit qu'un homme est bon Grammairien, quand il parle bien sa langue. C'est dans la Grammaire qu'on apprend l'orthographe, qui est la principale partie de l'écriture. L'orthographe consiste à employer les lettres nécessaires pour former chaque mot, et à n'en point mettre d'inutiles.

L'Histoire.

Sans les recherches des Historiens, nous ignorerions ce qui est arrivé depuis la création du Monde, dans tous les pays qui le composent. L'histoire universelle nous rappelle non-seulement ce qui s'est passé chez chaque peuple, mais elle nous apprend encore les mœurs, les liaisons et les guerres que ces peuples ont eues. Les histoires particulières sont celles qui ne parlent que d'un pays ou d'un événement; par exemple, la guerre de Troie, l'Histoire de France, les Révolutions d'Irlande.

L'Histoire naturelle.

Tout ce que produit la Nature se divise en trois parties. Le règne des animaux, celui des minéraux, et celui des végétaux.

Les hommes, les poissons, les oiseaux, les insectes, et généralement toutes les bêtes, sont du règne animal. Les arbres et les petites plantes sont du règne végétal. Tout ce qu'on trouve dans la terre, comme les pierres, les diamans, l'or, l'argent et les autres métaux, compose le règne minéral.

Quand on connaît ce que rassemblent ces trois règnes, on sait l'histoire naturelle.

La Jurisprudence.

La Jurisprudence renferme tout ce qui sert à rendre la justice selon les lois. L'étude de cette science est ce qu'on appelle l'étude du droit. Un Juge l'apprend, pour punir les criminels à proportion des crimes qu'ils ont commis, et pour juger les contestations des plaideurs.

Un avocat et un procureur l'apprennent, pour aider de leurs conseils, et pour faire valoir les raisons de ceux qui plaident. Un Notaire doit aussi savoir les lois, pour faire des actes qui y soient conformes.

Les Jeux.

Presque tous les jeux tiennent leurs premiers principes de l'arithmétique, et la plupart tirent un grand avantage de la facilité de bien compter. On peut les diviser en quatre espèces.

Jeux d'adresse, comme la paume.

Jeux de cartes, comme le piquet.

Jeux de dez, comme le tric-trac.

Jeux de pure réflexion, comme les échecs.

On distingue aussi les jeux de hasard, dont on ne devrait connaître que le danger.

Les Langues.

Les habitans des différens pays du monde parlent un langage différent. Un Turc, par exemple, n'entend point ce qu'on dit quand on parle français ou italien, à moins qu'il n'ait étudié ces langues. La science des langues s'apprend en parlant avec ceux qui les savent, ou par le secours des règles.

On appelle langues mortes celles qu'on ne parle plus chez aucun peuple, et qui subsistent seulement dans les livres.

La Logique.

Il ne faut pas croire qu'on ne puisse raisonner juste. La Logique, qu'on connaît pour la première partie de la Philosophie, empêche le Logicien de s'égarer dans de fausses idées, et le conduit toujours par principes à la justesse d'une décision solide. Les mots *dialectique* et *logique* signifient la même chose et sont synonymes.

Le Manège.

Il est très-important, sur-tout à ceux qui sont destinés à la guerre, de bien monter à cheval, de connaître les défauts, les beautés et les maladies des chevaux, de les dompter, et de les mener avec art. La façon de travailler un cheval est ce qu'on appelle le manège. Il y a plusieurs sortes de manège ; un bon Ecuyer les connaît toutes.

La Marine.

On fait la guerre sur mer presque aussi souvent

que sur terre. Plusieurs vaisseaux qu'on appelle une flotte quand ils marchent ensemble, sont chargés de soldats et d'artillerie pour combattre une flotte ennemie. Tout ce qui concerne la construction et la façon de conduire ces vaisseaux, s'appelle la marine ou la navigation.

Il y a des vaisseaux qui ne servent qu'à transporter des marchandises ; ce sont les vaisseaux marchands, les autres sont les vaisseaux de guerre.

Les Mathématiques.

Les sciences qui, dans leurs opérations, obligent à employer des forces, à calculer ou à mesurer, sont toutes réunies dans une seule science qu'on appelle mathématiques.

L'arithmétique, par exemple, la sphère, l'architecture, sont trois traités qui en font partie. Les Mathématiques renferment jusqu'à cinquante traités différens ; mais il est presque impossible qu'un seul Mathématicien les sache tous également bien.

Les Mécaniques.

L'étude des Mécaniques nous fournit bien des secours dont on aurait de la peine à se passer. Le mouvement des poulies, la force des leviers, la justesse des horloges, la construction des voitures, et de toutes les machines qu'on emploie dans les arts, sont dues aux différentes découvertes des Mécaniciens.

On joint ordinairement aux Mécaniques le traité de la Statique, par lequel on connaît l'usage des poids et contre-poids.

Les Médailles.

Les Médailles sont des espèces de monnaies antiques ou modernes qui représentent, d'un côté, la tête d'un homme illustre, et, de l'autre, quelque action d'éclat qui s'est passée pendant sa vie.

La date de chaque action est sur les médailles ; ainsi, en rappelant les principaux traits de l'histoire, elles servent essentiellement à la justesse de la chronologie. On appelle Antiquaires, ceux qui s'attachent à la connaissance des médailles.

Ils y joignent ordinairement la connaissance des statues antiques, et des pierres gravées.

La Médecine.

Quand, par l'usage de l'Anatomie, on connaît les fonctions de chaque partie du corps, il faut que la Médecine apprenne à connaître les remèdes que l'on peut apporter au dérangement de ces parties. Une trop grande chaleur cause-t-elle la fièvre, un Médecin sait ce qu'il faut pour la tempérer, et pour guérir enfin tous les maux auxquels le corps humain est sujet.

La Métaphysique.

La dernière partie de la Philosophie est la Métaphysique, et la plus difficile à apprendre et à approfondir. Un Métaphysicien ne raisonne jamais que sur des sujets purement spirituels ; il travaille sans cesse à prouver des choses dont on ne peut juger par les sens, et dont il est quelquefois permis de douter.

Ainsi, quand on dit qu'un raisonnement est simplement métaphysique, c'est comme si l'on disait qu'on raisonne sans être appuyé sur un fondement solide.

Le Monde.

Aucun livre n'enseigne l'usage du monde : c'est la science qui demande le plus de pratique, et sans laquelle presque toutes les autres sciences sont inutiles. Railler avec discrétion ; entendre raillerie ; ne pas faire parade de ce qu'on sait ; être poli, sans affecter de l'être, et feindre de ne pas s'apercevoir du défaut de politesse qu'on pourrait trouver dans les autres, voilà les principales règles qni doivent servir de conduite pour réussir dans le monde.

La Morale.

Le vrai philosophe est celui qui sait se rendre maître de lui-même. Aussi la morale, ou l'art de conduire ses actions, passe-t-elle pour la partie la plus utile de la philosophie : c'est elle qui donne des bornes aux passions, qui déracine le vice, et cultive la vertu. La morale, enfin, est la science des mœurs.

La Musique.

La Musique enseigne les règles de l'harmonie: et c'est ce qu'on appelle composition. Elle enseigne aussi à rendre méthodiquement, par le son de la voix, ou par le secours des instrumens, les différens tons qui forment l'harmonie : ainsi, on la divise en musique vocale et en musique instrumentale. La précision dans la mesure est également nécessaire aux deux genres de Musique.

La Peinture.

Quand on met des couleurs sur les figures qu'on a tracées, ce qu'on appelle dessin se nomme alors Peinture. On distingue différens genres de Peinture. La peinture à l'huile, qu'on emploie pour les tableaux ; la détrempe et la fresque, dont on se sert sur les plafonds et sur les murs ; la miniature et l'émail pour les petits portraits ; et enfin le pastel, qui n'est autre chose que des crayons de toutes sortes de couleurs.

La Physique.

Rien n'embarrasse un physicien : il sait tout

ce qui se passe dans les quatres élémens ; il sait ce qui forme le tonnerre, ce qui cause la pluie, comment la terre produit des fruits, pourquoi le feu s'augmente à l'air, pourquoi il s'éteint quand il en manque. Il rend compte des effets de la lumière, de la cause des couleurs ; en un mot, toute la nature est approfondie dans la Physique, qui est la troisième partie de la philosophie.

Le Poème épique.

Le récit que l'on fait en vers des aventures d'un Héros ou des événemens d'une guerre, est ce qu'on appelle Poème épique. La différence du Poème épique au dramatique, c'est que, dans le dramatique, les Héros parlent, et dans l'épique, le Poète raconte ce qu'ils ont fait ou dit.

Les aventures de Télémaque, par exemple, seraient un Poème épique, si elles étaient en vers.

Le Poème dramatique.

Le plus petit ouvrage de poésie, une chanson, par exemple, une fable, est un poème ; il y en a de plusieurs sortes, on en compte environ quinze différens.

Le Poème dramatique est un des principaux. On nomme Poème dramatique une tragédie ou une comédie. Les vers composés pour être mis en musique, tels que ceux des opéras, sont appelés vers lyriques.

La Poésie.

La Poésie est l'art de faire des vers, et l'on appelle Poètes ceux qui y réussissent. Les vers sont des mots arrangés, dont on compte chaque syllabe. Il y a des vers de différentes longueurs, mais ils finissent toujours par un mot qui rime avec le dernier mot d'un autre vers. Les grands vers, qu'on appelle *Alexandrins*, sont composés de douze syllabes.

Voici un exemple de quatre vers :

> On me le dit du matin jusqu'au soir ;
> Il est bien glorieux, dans l'âge le plus tendre,
> D'apprendre et de savoir :
> Mais pour savoir, il faut apprendre.

La Politique.

La première science d'un Prince après la Religion, doit être la politique. Elle lui enseigne avec quelle dignité il faut se ménager l'amitié et les secours des Princes ses voisins, et avec quelle circonspection il faut gouverner ses sujets. Des particuliers font aussi une étude de cette science, pour pouvoir juger avec connaissance de ce qui se passe dans toutes les Cours, et mériter le titre d'habiles dans les intérêts des Princes.

La Prose.

On écrit en prose ou en vers. La prose est la façon simple dont on parle dans la conversation, dans une lettre, dans la plupart des livres ; ce que je dis actuellement est de la prose. La tournure que chacun emploie en particulier pour s'exprimer, s'appelle *style*. Le meilleur style est celui dont les phrases sont les plus naturelles. Une phrase est une certaine quantité de mots liés ensemble, et qu'on met toujours entre deux points ou deux virgules.

La Religion.

On entend par Religion, la Religion catholique, car il y en a de plusieurs sortes : la science de la vraie Religion apprend à connaître la grandeur et la bonté de Dieu, ce qu'il commande et ce qu'il défend.

Les Auteurs qui en traitent à fond, s'appellent Théologiens, et cette science s'appelle Théologie.

Les fausses Religions.

On appelle hérétiques ceux qui ne croient pas dans tous les points ce qu'ordonne de croire la Religion catholique.

Il y a des Religions absolument différentes de la nôtre. On a vu des peuples adorer le soleil ; d'autres ont adoré des animaux, etc.

La Rhétorique.

L'éloquence persuade et touche ceux à qui l'on parle ; mais pour être éloquent, outre les règles de la grammaire, il y a encore d'autres règles. Il ne suffit pas de placer sans ordre ce qu'on veut dire, il faut composer son discours avec art. C'est la Rhétorique qui enseigne cet art ; et l'on appelle Rhétoriciens ou Rhéteurs, ceux qui savent en faire usage.

La Sphère.

Il faut toujours joindre à la science de la Géographie, celle de la Sphère ; elle enseigne à connaître le monde terrestre. On appelle monde céleste le *Ciel*, où l'on distingue le soleil, la lune et les étoiles. C'est la Sphère qui représente le cours des astres ; et pour faciliter l'étude de ces sciences, on dessine le ciel et la terre sur deux boules, qu'on nomme globe terrestre et globe céleste.

La Sculpture.

Pour donner au bois, au marbre et aux métaux des formes différentes, il faut, d'après les règles du dessin, savoir mettre en pratique la manœuvre et les finesses de la Sculpture. Une belle statue, un vase bien coupé, un bas-relief sculpté avec art, font autant d'honneur au sculpteur, qu'un tableau parfait peut en faire à l'habile Peintre.

La Théorie et la Pratique.

Il y a deux façons de s'instruire. La première est établie sur la Théorie ; on appelle ainsi l'assemblage des règles et des principes d'un art ou d'une science. La seconde façon de savoir est totalement différente de la Théorie : c'est la Pratique.

Un jardinier taille un arbre avec succès par l'habitude qu'il a de tailler, et selon les avantages qu'il a reconnus d'une année à l'autre ; mais ce jardinier ne pénètre point les raisons qui l'ont fait réussir. L'habitude de travailler ainsi, sans remonter aux principes, s'appelle la pratique. Pour être parfait dans quelque genre de science que ce soit, il faut réunir la science théorique, et la science pratique.

Droit naturel, économique et politique.

Comme être isolé, l'homme a des devoirs à remplir, qui regardent son existence propre, et le soin qu'il doit prendre de la conserver. On comprend sous le nom de *Jurisprudence naturelle*, les lois relatives à cet objet.

La qualité de père de famille impose à tous les hommes des devoirs particuliers à l'égard de leurs enfans. Les lois qui les ont eus en vue, servent encore aujourd'hui à déterminer les successions, le partage des biens et les autres objets qui appartiennent à la *Jurisprudence économique*.

En s'unissant avec sa famille à des familles plus nombreuses, les rapports de l'homme changeant, ses devoirs se sont accrus en même proportion. Les lois qui les ont considérés sous cet aspect, ont donné lieu à toutes les institutions de la *Jurisprudence politique*. On les a divisées en autant de branches, qu'il y a de matières sujettes à la législation.

INTRODUCTION A L'ÉTUDE.

DE L'HISTOIRE ET DE LA GÉOGRAPHIE,

Ou Explication des termes propres à ces deux Sciences.

TERMES PROPRES A L'HISTOIRE.

L'HISTOIRE embrasse la connaissance des événemens et des faits qui se sont passés dans l'Univers depuis le moment de sa création. Cette connaissance nous a été transmise par tradition ou par écrit.

Première division de l'Histoire en général.

La tradition, autrement dite l'histoire orale ou de bouche, est le recueil des récits faits par les premiers hommes à leurs enfans de tout ce qui était arrivé digne de remarque pendant le cours de leur vie.

L'histoire écrite comprend tous les faits dont la mémoire s'est conservée par l'écriture ou par quelque autre signe expressif et permanent.

L'histoire en général a pour objets :

1.° Les faits considérés en eux-mêmes, indépendamment de toute autre attention ;

2.° Les différens degrés de certitude, qui forment plus ou moins de probabilité ;

3.° L'ordre des temps ou la chronologie qui les lie, en observant entre eux la distance précise qui les sépare ;

4.° La description des lieux ou la géographie, qui assigne aux événemens leur véritable place dans l'Univers.

Premier objet de L'Histoire.

Les faits considérés en eux-mêmes émanent de Dieu, de l'homme ou de la nature. Émanés de Dieu, ils appartiennent à l'histoire sacrée. Œuvres des hommes, ils appartiennent à l'histoire profane. Effets de la nature, ils appartiennent à l'histoire naturelle.

L'histoire sacrée a pour objet le rapport immédiat et direct de l'Être Suprême avec les créatures.

Cette histoire se divise en histoire ecclésiastique proprement dite, et en histoire des prophéties.

L'histoire ecclésiastique proprement dite est celle des faits dont l'événement a précédé le récit.

L'histoire des prophéties est celle dont le récit a précédé et annoncé l'événement.

L'homme, considéré dans ses rapports avec Dieu, présente le tableau de sa soumision ou de ses infidélités aux lois de son créateur, ce qui forme l'histoire ou le recueil de tous les préceptes divins ou naturels ; ou il retrace l'histoire de l'exactitude ou de l'oubli de l'hommage dû à la Divinité, et celle des changemens légitimes ou criminels introduits dans le culte, ce qui forme l'histoire de la religion.

Dieu en divers temps a donné trois lois différentes. Ces lois sont, la loi de nature non écrite, donnée à tous les hommes ; la loi de nature écrite, donnée aux Juifs, nation par lui choisie à l'exclusion des autres peuples ; et la loi de grâce également donnée au Fidèle et à l'Idolâtre, aux Juifs et aux Gentils.

La loi de nature non écrite commença à la création et dura jusqu'au vingt-sixième siècle. La loi de nature écrite fut dictée par Dieu même à Moïse, pour remplacer la loi de nature non

écrite,

écrite, que la plupart des hommes avaient défigurée. La loi de grâce vint suppléer à l'insuffisance de la loi de nature écrite. C'est à la naissance de J. C, au quarantième siècle, que le genre humain est redevable de ce bienfait.

De ces trois lois naquirent trois religions, la naturelle, la juive et la chrétienne. La religion naturelle, défigurée, produisit le paganisme, et Mahomet forma la sienne du mélange absurde des trois religions.

L'histoire profane embrasse toutes les actions générales ou particulières des différentes sociétés humaines, leurs établissemens, leurs alliances entre elles, leurs guerres, leurs vices, leurs vertus, leurs découvertes, leurs observations, et par conséquent tous les différens progrès du génie et des arts.

L'histoire naturelle est celle de tous les effets de la nature considérée dans toutes ses parties, depuis les astres jusqu'aux animaux et aux végétaux.

L'histoire universelle est celle qui réunit les événemens sacrés, profanes et naturels.

Second objet de l'Histoire. Les preuves de sa certitude.

La certitude que produit l'histoire orale ou de bouche, dérive de la persuasion où l'on a été dans chaque âge que les faits dont elle nous a conservé le souvenir, avaient passé de génération en génération sans aucune altération ; la tradition qui en a perpétué la mémoire ayant été générale, constante, et remontant jusqu'au temps des événemens même.

C'est par l'existence des monumens, par les actes, les titres, les pièces écrites du temps des événemens, par les ouvrages des différens historiens qui ont été témoins des faits qu'ils racontent, ou qui ont travaillé sur les mémoires de ceux qui les avaient vus, que l'histoire écrite établit la certitude des faits qu'elle nous a transmis.

Troisième objet de l'Hsitoire. La Chronologie.

La chronologie forme la chaîne générale des événemens que l'histoire reproduit, pour ainsi dire, dans l'ordre des temps où ils sont arrivés.

L'histoire, conduite par la chronologie, est la science des temps, des dates et des époques.

Le temps se partage en jours, en semaines, en mois, en années et en siècles.

L'on appelle jour une révolution de vingt-quatre heures : une semaine en comprend sept. Une année est composée de trois cent soixante-cinq jours, ou de douze mois. Cent années forment un siècle.

Les Grecs partageaient leurs temps historiques par Olympiades. C'étaient des espaces de quatre ans, qui se comptaient d'une célébration des jeux olympiques à l'autre.

C'est à l'établissement du cent, terminé par une purification qu'on nommait *lustrum*, qu'on fait remonter chez les Romains l'usage de compter par lustres. Ce dénombrement se faisait tous les cinq ans. Un lustre est une période de cinq années.

Le temps divisé en siècles, en années, en mois, en semaines et en jours, est la continuité de la durée des êtres.

Les dates sous lesquelles les événemens sont rangés, sont les différens points de cette durée.

Les époques sont prises des dates de quelques événemens plus remarquables que les autres, déterminées par les chronologistes.

Il y a trois systèmes de chronologie, qui étendent et resserrent l'espace de temps qui s'est passé entre la création et l'année où nous vivons. Ces trois systèmes ont pris leurs noms des différens textes de l'Écriture sainte qu'ils suivent, qui sont le texte Hébreu , le texte Samaritain , et le texte des Septante.

La chronologie des Septante assigne au monde une durée de 7435 ans; le texte Samaritain compte 6510 ans. La chronologie de texte Hébreu que nous suivons , borne cette durée à 5805 ans.

Les temps plus ou moins éloignés donnent à l'histoire le caractère d'ancienne ou de moderne.

Seconde division de l'Histoire en général. Durée du temps qu'elle embrasse.

L'histoire ancienne est celle des événemens qui ont précédé la naissance de J. C.

L'histoire moderne est celle qui rapporte ce qui est arrivé depuis J. C. jusqu'à ce jour.

On compte quarante siècles ou quatre mille ans , depuis la création jusqu'à la naissance du Messie , et dix-huit siècles environ depuis cet événement jusqu'à nous ; ce qui forme en tout cinquante-huit siècles.

Troisième division de l'Histoire par ses différens âges.

L'histoire ancienne et moderne se divise ordinairement en âges et en époques. Ces âges et ces époques sont marqués par des événemens fameux.

On compte sept âges du monde.

Le premier âge a commencé à la création et finit au déluge, au dix-septième siècle.

Le second âge dure depuis le déluge universel jusqu'à la vocation d'Abraham , au vingt-unième siècle , l'an 2083, pendant une suite d'un peu plus de quatre siècles ou de 427 ans.

Le troisième âge commençant à Abraham finit à Moïse , au vingt-sixième siècle , ou l'an 2513 ; sa durée est d'un peu plus de quatre siècles, ou de 430 ans.

Le quatrième âge a commencé à la sortie des

Israélites de l'Égypte, et a fini au règne de Salomon, au trentième siècle, ou l'an 3000, après une durée de près de cinq siècles ou de 487 ans.

Le cinquième âge comprenant une durée de plus de quatre siècles et demi, ou de 468 ans, commence à la consécration du premier Temple bâti en l'honneur du vrai Dieu par Salomon, et finit au rétablissement des Juifs, au trente-cinquième siècle, l'an 3468.

Le sixième âge finissant à la naissance de Jésus-Christ, au quarantième siècle, ou l'an 4000, a duré depuis la fin de la captivité des Juifs, pendant un espace de plus de cinq siècles, ou de 532 années.

Le septième âge a commencé à la naissance du Messie, et dure encore.

Quatrième division de l'Histoire en dix-neuf époques.

C'est l'histoire sacrée qui fournit les événemens dont les sept âges portent le nom; il n'en est pas de même des époques prises indistinctement dans l'histoire sacrée et dans l'histoire profane. Ces époques, au nombre de dix-neuf, sont :

Première époque : la création de l'Univers. Cette époque dure seize siècles et demi; elle finit au déluge, au dix-septième siècle.

Seconde époque : le déluge arrive l'an 1656, au dix-septième siècle. Cette époque dure 427 ans, et finit à la vocation d'Abraham.

Troisième époque : la vocation d'Abraham au vingt-unième siècle, l'an 2083. Cette époque dure 438 ans : elle finit à Moïse, ou au temps de la loi écrite.

Quatrième époque : Moïse ou la loi écrite, au vingt-sixième siècle, l'an 2513. Cette époque finit à la prise de Troie; elle dure 387 ans.

Cinquième époque : la ruine de Troie, au

vingt-neuvième siècle, l'an 2802. Cette époque finit à la construction du Temple, et dure 180 ans.

Sixième époque : le Temple de Jérusalem, bâti au trentième siècle, l'an 3000. Cette époque finit à la fondation de Rome ; elle dure 250 ans.

Septième époque : Rome fondée par Romulus, au trente-troisième siècle, l'an 3250. Cette époque finit à Cyrus, ou au rétablissement des Juifs ; elle dure 218 ans.

Huitième époque : Cyrus, ou le rétablissement des Juifs, au trente-cinquième siècle, l'an 3468. Cette époque dure 180 ans, elle finit à la naissance d'Alexandre.

Neuvième époque : la naissance d'Alexandre le Grand, au trente-septième siècle, ou l'an 3648. Cette époque finit à la destruction de Carthage ; elle dure 210 ans.

Dixième époque : la destruction de la ville de Carthage par Scipion-Emilien, au trente-neuvième siècle, l'an 3858. Cette époque dure 142 ans ; elle finit à la naissance de Jésus-Christ.

Onzième époque : la naissance du Messie, au quarantième siècle, l'an 4000. Cette époque dure 316 ans ; elle finit à Constantin.

Douzième époque : Constantin, ou la paix rendue à l'Église par cet empereur, au quarante-quatrième siècle, ou l'an 312 de l'ère vulgaire. Cette époque finit à la fondation de la monarchie française ; elle dure 169 ans.

Treizième époque : fondation de la monarchie française par Clovis, au quarante-cinquième siècle, l'an de l'ère vulgaire 481. Cette époque finit à Charlemagne ; elle dure 319 ans.

Quatorzième époque : Charlemagne, ou fondation du nouvel empire d'Occident, au quarante-huitième siècle, l'an de l'ère vulgaire 800. Cette époque dure 187 ans ; elle finit à Hugues Capet.

Quinzième époque : Hugues Capet, ou troisième race des Rois de France sur le trône, au cinquantième siècle, l'an de l'ère vulgaire 987. Cette époque finit à St-Louis ; elle dure 283 ans.

Seizième époque : Saint-Louis, ou la fin des croisades, dont la dernière au cinquante-troisième siècle, ou l'an de l'ère vulgaire 1270. Cette époque finit à Henri IV ; elle dure 323 ans.

Dix-septième époque : Henri IV, ou la branche des Bourbons sur le trône de France, au cinquante-sixième siècle, l'an 1589 de l'ère vulgaire. Cette époque dure 49 ans ; elle finit à Louis XIV.

Dix-huitième époque : la naissance de Louis XIV, au cinquante-septième siècle, l'an de l'ère vulgaire 1638. Cette époque dure 72 ans.

Dix-neuvième époque : la naissance de Louis XV, au cinquante-huitième siècle, l'an de l'ère vulgaire 1710. Cette époque a duré 64 ans.

Définition des différentes ères.

Les Espagnols ont introduit dans la chronologie l'usage des ères. Les ères sont des époques déterminées par différentes Nations, et adoptées par elles pour fixer l'éloignement des faits qui ont suivi les événemens mémorables d'après lesquels elles ont commencé à compter leurs années.

Les ères les plus remarquables sont la première olympiade.

L'ère de Nabonassar, roi de Babylone, qui a commencé à régner au trente-troisième siècle, l'an 3257.

L'ère des Séleucides, connu sous le nom des *années des Grecs* et adoptée par les Juifs soumis à la domination de ces peuples. Elle a commencé au trente-septième siècle, ou l'an 3692.

La première année Julienne, au quarantième siècle. Cette année commence à la réformation du calendrier par Jules-César, l'an 3959.

L'ère d'Espagne, au quarantième siècle, commence à la réduction entière de cette partie de l'Europe sous la puissance des Romains, l'an 3966.

L'ère vulgaire, imaginée par *Denis le Petit*, commence au quarante-unième siècle, ou l'an 4004 du monde. Cette année répond à la quatrième année de Jésus-Christ.

L'ère de Dioclétien commence au quarante-troisième siècle, ou l'an 284 de l'ère vulgaire.

L'hégire, ou la fuite de Mahomet, arrivée le 16 juillet de l'an 622 de l'ère vulgaire. Cette ère, suivie par les Arabes, commence au quarante-septième siècle.

Cinquième division de l'Histoire en ses différentes périodes.

Le peu d'événemens que présente l'histoire des temps qui ont précédé le déluge, l'incertitude de ceux qui sont arrivés dans les siècles qui l'ont suivi, ont fait partager l'histoire en trois grandes périodes. La première, depuis la création jusqu'au déluge, remplit un espace de dix-sept siècles et demi. La seconde, depuis le déluge jusqu'à la première olympiade, comprend une révolution d'environ seize siècles. La troisième, depuis la première olympiade jusqu'à présent, embrasse une durée de plus de vingt-cinq siècles et demi.

La première période est presque entièrement inconnue ; on ne découvre rien dans les historiens de relatif à cette période, qui puisse se présenter un caractère de vérité, excepté dans deux ou trois écrivains cités par Joseph, dont les récits touchant le déluge et les temps qui l'ont précédé, s'accordent à plusieurs égards avec les écrits de Moïse.

La seconde période est le temps héroïque ou fabuleux, ainsi nommé à cause des fables qui se trouvent mêlées dans l'histoire de ce temps. C'est dans cet intervalle qu'il faut placer l'origine des dieux et des héros que les peuples ont honorés d'un culte particulier.

La troisième période est la période historique : depuis ce temps, la plupart des événemens se trouvent assujettis à des dates réglées. On peut recourir aux monumens publics, consulter et comparer les témoignages des historiens contemporains, et présenter avec confiance le tableau véritable des révolutions de l'Univers.

Il faut observer que cette division de l'histoire en temps historique, fabuleux et inconnu, ne peut convenir qu'à l'histoire profane, et ne pas perdre de vue que l'histoire sainte, fondée sur la révélation, la tradition et le témoignage constant de toute une nation subsistante en corps, témoignage contre lequel nul des Hébreux n'a jamais réclamé, porte avec elle les marques les plus évidentes de cette vérité incontestable.

Sixième division de l'Histoire en millénaires et en siècles.

La division la plus naturelle de l'histoire partage la durée des temps qui nous séparent de la première époque en six millénaires, composés chacun de mille ans ou de dix siècles, placés perpendiculairement les uns sur les autres. Dans cette division, les cinquante-sept siècles et demi qui se sont écoulés depuis la formation du monde, sont distingués par des dénominations particulières : ces dénominations sont prises des événemens les plus remarquables, des découvertes et des institutions les plus utiles à l'humanité.

Quatrième objet de l'Histoire. La Géographie.

Le secours de la Géographie est indispensablement nécessaire à l'intelligence de l'histoire ; c'est par la description des différentes parties du globe , qu'on peut acquérir une connaissance exacte et précise des événemens qu'elle a rapportées.

TERMES PROPRES A LA GÉOGRAPHIE.

Dans le temps de la création , la terre a été séparée des eaux , le soleil et les astres ont été placés dans le firmament , suivant les ordres de l'Arbitre de l'Univers. La considération de ces merveilles , leur description , voilà quel est l'objet de la géographie. Elle embrasse toutes les différentes parties du globe terrestre , leur rapport avec le ciel , et tout ce qui , sur la surface de la terre, tire son origine de l'institution des hommes. Ainsi , cette science peut être divisée d'abord en géographie naturelle , en géographie astronomique , en géographie historique.

GÉOGRAPHIE NATURELLE.

La géographie naturelle est la description simple de la terre et de l'eau. Elle désigne les divisions que ces deux élémens ont formées sur la surface du globe. Elle représente la mer , les continens , les îles , les isthmes , les détroits , les fleuves , les lacs , les montagnes.

La géographie naturelle , ou la description du globe , comprend la géographie proprement dite , et l'hydrographie.

La géographie proprement dite est la description particulière de la terre. L'hydrographie est la description particulière de l'eau.

La géographie proprement dite admet encore une autre division, lorsqu'on la considère par rapport à l'étendue du pays qu'elle entreprend de décrire. Embrasse-t-elle la description générale du globe, c'est la cosmographie. S'arrête-t-elle aux détails principaux d'une partie considérable de la terre, on la nomme chorographie. Marque-t-elle toutes les particularités d'une étendue de terrain de médiocre grandeur, on la distingue sous la dénomination de topographie.

Le globe terresttre se partage en Terre-Ferme et en Mers. Les plus grandes étendues de terre environnées d'eau s'appellent Continens ou terres-Fermes. La Mer est cet amas immense d'eau qui environne les Continens.

L'assemblage des eaux de toutes les mers s'appelle l'Océan. Le nom d'Océan, qui semble devoir être commun à toutes les mers, est appliqué particulièrement à celle qui environne l'ancien Continent.

Les deux portions générales du globe, appelées Terre-Ferme et Mer, s'étendent réciproquement l'une dans l'autre. Toutes deux ont des limites qui les circonscrivent et les bornent. Les noms de circonscriptions sont différens et opposés, quoiqu'ils aient quelque rapport entre eux. La terre s'avance dans l'eau ; l'eau, à son tour, s'avance dans la terre. Il y a des parties de terre absolument environnées d'eau ; ou trouve des assemblages d'eau que la terre entoure de tous côtés.

La mer qui embrasse les continens, en pénétrant leur intérieur, forme, par le partage de ses eaux, des mers inférieures, auxquelles on donne les noms de Méditerranée, de Golfes, de Baies, d'Anses.

On appelle Mer Méditerranée une portion considérable des eaux de la mer qui sépare plusieurs régions de la terre, entre lesquelles elle se trouve resserrée. Un golfe est une portion de la mer qui s'avance dans les terres, excepté dans un endroit par où elle communique à la mer ou à quelque autre golfe. La baie est un diminutif du golfe. L'anse est un diminutif de la baie.

La communication de ces différentes parties de la mer se fait par des canaux que l'on appelle Détroits, à cause de leur peu d'étendue entre les terres qui les resserrent. On les désigne encore par les mots de Manche, de Pas, de Canal, de Pertuis, de Bosphore, d'Euripe.

On divise la mer en haute-mer et en rivages. On appelle haute-mer la partie éloignée des terres. On désigne, sous le nom de rivages, les parties de la mer qui baignent les cotés, et qui règnent le long des terres. On donne aussi communément le nom de rivages aux terres qui sont lavées par les eaux de la mer.

Les rivages présentent ou des Ports, qui sont des portions de la mer resserrées dans les terres, qui servent de retraite aux vaisseaux contre le mauvais temps; ou des Rades, qui sont des espaces de mer peu éloignés des terres, où les vaisseaux peuvent mouiller et être à l'abri de certains vents; ou des Plages, qui sont des surfaces d'eau de médiocre hauteur, étendues sur un terrain uni, et des Falaises, qui sont des endroits où la mer vient se briser contre des bords escarpés. La mer, en baignant les rivages, y rassemble d'espace en espace des collines de sable ou de cailloutage, qu'on appelle Dunes.

On trouve encore sur le globe terrestre des amas ou des courans d'eau qui n'appartiennent point à la mer, quoique quelques-uns s'y précipitent. On appelle Lac une étendue d'eau réunie au milieu des terres, sans aucune issue et sans aucun cours. Il sort d'une infinité d'endroits de la terre, des sources qui se rassemblent dans leurs cours et forment des canaux qu'on appelle rivières ou fleuves. La longueur du cours, la largeur du lit, distinguent les fleuves des rivières. Les fleuves sont plus considérables. Ces courans d'eau se perdent les uns dans les autres, ou vont se jeter dans la mer.

On appelle Embouchure le lieu où les eaux se mêlent, soit avec les eaux d'une rivière, soit avec celles d'un lac, soit avec celles de la mer.

Les torrens sont des espèces de lits de rivière qui se remplissent par intervalles des eaux provenantes des pluies ou de la fonte des neiges, et qui demeurent à sec après leur écoulement.

Les rivières sont comme le reste de la surface de la terre. Leurs lits ne sont pas toujours unis ; il en est où il se rencontre des hauteurs. Ces inégalités suspendent le cours des eaux qu'elles rassemblent en plus grande quantité : devenues plus rapides et plus élevées par cet accroissement, elles franchissent les obstacles qui les arrêtaient, et se précipitent avec impétuosité. On appelle ces hauteurs cataractes. Les plus connues sont celles du Nil.

Indépendamment des rivières et des lacs formé par la nature, il y a des amas ou des cours d'eau formés par les hommes, qu'on peut regarde commes des rivières ou des lacs artificiels. On nomme Canal un courant d'eau qui coule dan un lit creusé par l'industrie humaine. On nomm Étang une pièce d'eau rassemblée dans un espac de terre où l'on a pratiqué un bassin pour lu servir de réservoir.

Ainsi que la masse des eaux prend diver
noms

noms, suivant la situation de ses Parties et les différentes figures qu'elle décrit sur le globe, la terre partagée en diverses portions par le contour des eaux qui l'embrassent, ou par sa propre configuration, est désignée par des noms qui indiquent cette différence.

On donne le nom d'Iles à toutes les parties du globe qui s'élèvent au-dessus de la surface des eaux dont elles sont exactement environnées.

On appelle Cap, Promontoire, Péninsule, toute partie de terre qui s'avance dans la mer.

Une Péninsule, ou presqu'île, que les anciens appelaient Chersonnèse, est une portion de terre environnée de tous côtés, excepté en un seul endroit, par lequel elle a communication, soit avec la terre ferme, soit avec une autre presqu'île.

Un Cap est une pointe de terre élevée, qui s'avance dans la mer : on le distingue du promontoire en ce qu'il est plus élevé. Il faut observer qu'on appelle Pointe toute terre avancée dans la mer, terminée par une pointe ou non.

Un Isthme est une langue de terre qui joint une presqu'île à la terre ferme, ou à d'autres presqu'îles. On nomme Isthme généralement toute portion de terrain resserrée entre deux mers, qui réunit deux continens.

La terre ferme comprend quatre grands Continens : l'ancien, le nouveau, les terres australes connues ou soupçonnées, et les terres arctiques, dont la configuration est encore bien moins déterminée.

Nous ne connaissons jusqu'ici que deux continens, l'ancien et le nouveau.

On comprend, sous le nom d'ancien continent, cette portion du globe que nous habitons, et qui depuis la création a été connue en tout ou en partie. Cet ancien continent n'occupe guère que la septième partie de la surface de la terre. On le divise en trois parties : l'Europe, l'Asie, l'Afrique. Le nouveau Continent est une grande partie de la terre, séparée de celle que nous habitons par l'Océan. Il fut découvert au seizième siècle par Christophe Colomb, Génois. On lui a donné le nom d'Amérique.

L'Europe est la partie la moins étendue de celles qui composent l'ancien continent ; elle peut avoir dans sa surface trois cent cinquante-sept mille lieues carrées, chaque lieue de trois mille pas géométriques.

L'Asie est la plus considérable des trois parties de l'ancien continent ; elle a quatre fois plus d'étendue que l'Europe. Sa surface comprend environ douze cent vingt mille lieues carrées.

L'Afrique contient au moins deux fois et demi l'étendue de l'Europe ; sa surface est de huit cent soixante-treize mille lieues carrées.

L'étendue de l'Amérique est à peu prés égale à celle de l'Europe et de l'Asie prises ensemble.

Ces parties de la terre se divisent en grandes et moyennes régions. Les moyennes régions se subdivisent encore en portions plus petites, qu'on appelle Pays et Contrées.

On distingue les régions en hautes et basses, suivant leurs différentes situations près de la mer dont elles sont bornées, le cours des rivières qui les traversent, ou les montagnes qu'elles contiennent.

La terre, relativement à la mer qui l'environne, se divise en terres intérieures et en terres maritimes oú côtes.

Les inégalités qui se rencontrent sur la surface de la terre sont désignées par les noms de Montagnes, de Collines et de Plaines. On appelle Montagne toute élévation de terrain, portée jusqu'à une hauteur considérable. On donne le nom de Chaîne à la jonction de plusieurs montagnes contiguës les unes aux autres. La terre renferme dans son sein des amas de matières combustibles ; ces matières s'enflamment et s'ouvrent des passages sur la superficie du globe. Les montagnes où se rencontrent quelques-unes de ces ouvertures, sont désignées sous le nom de Volcans.

Les éminences de terre d'une élévation médiocre s'appellent Collines. Les Côteaux sont les diminutifs de collines. On appelle Tertres les plus petites éminences.

On nomme Pas, Cols et Gorges, les passages qui séparent les montagnes.

Les terrains unis, situés au pied des montagnes, sont appelés Vallées. Les prairies sont les fonds qui forment ces terrains. Lorsque ces fonds se trouvent situés entre deux collines dont la pente est douce, on les appelle des Vallons.

On donne le nom de Plaine généralement à tout terrain uni. On appelle Campagne une plaine d'une très-grande étendue.

On appelle Désert toute partie de terre stérile et inhabitée.

Il se trouve sur les montagnes et dans les plaines des terrains entièrement couverts d'arbres; on donne généralement à ces terrains le nom de Bois. Ceux qui sont de la plus vaste étendue, sont désignés sous celui de Forêts.

GÉOGRAPHIE ASTRONOMIQUE.

Le globe que nous habitons, d'une si vaste étendue par rapport à nous, et qui ne forme qu'un point dans l'immensité de l'Univers dont il fait partie, est suspendu dans les plaines de l'air et soutenu par cette même puissance qui maintient les lois invariables de l'équilibre de tous les corps. Sa figure est sphérique, c'est-à-dire, ronde : nous ne pouvons juger de sa rondeur. Le court espace dans lequel notre vue s'étend, est infiniment borné en comparaison du reste que nous ne voyons pas ; il ne permet à nos faibles yeux d'apercevoir ce qui les frappe, que dans l'apparence d'une figure plane qui s'agrandit de plus en plus à proportion que l'on est plus élevé.

Comme il n'y a aucune position fixe d'où l'on puisse déterminer la situation absolue des différentes parties de la superficie du globe terrestre, on ne peut conséquemment y prendre des dimensions précises qui puissent assigner et régler leurs distances entre elles. Pour suppléer à ce défaut, on a imaginé dans le ciel divers cercles qui servent à le diviser en parties déterminées, et qui donnent en même temps les positions fixes et nécessaires. On s'est servi de ces mêmes cercles pour partager la terre, en les appliquant aux lieux qui paraissent répondre aux cercles marqués dans le ciel. La détermination de ces cercles et la considération des différens rapports de la terre au ciel, forment l'objet de la Géographie astronomique.

Les principaux cercles sont l'Équateur, le Méridien, l'Horison, les Tropiques, les cercles Pôlaires.

L'Équateur est un cercle qui partage le globe en deux portions égales ; il est éloigné de quatre-vingt-dix degrés des extrémités de la terre ou pôles. On l'appelle Équateur, parce que, quand le soleil se trouve dans ce cercle, il y a équinoxe par toute la terre, c'est-à-dire, égalité de jour et de nuit.

On appelle Pôles du monde les deux extrémités de l'axe ou de l'essieu sur lequel la révolution du ciel paraît s'accomplir dans l'espace de vingt-quatre heures. Ces deux extrémités ne décrivent point de cercles. Les deux pôles sont désignés par des noms différens : l'un s'appelle le Pôle arctique, nom qui lui a été donné de deux constellations sous lesquelles il se trouve situé, qui sont un assemblage de plusieurs étoiles nommées par les grecs *Arctos* ; expression qui répond à celle d'*Ourse* en français. L'extrémité de la terre opposée au Pôle arctique, se nomme le Pôle antarctique.

On a dû observer, par les définitions précédentes, que l'équateur, autrement appelé ligne équinoxiale ou simplement ligne, est un cercle que l'on conçoit sur la surface de la terre, et qui répond à l'équateur du ciel ; les pôles sont les deux points qui terminent les extrémités de son axe. L'axe ou l'essieu est une ligne droite que l'on suppose traverser la terre par le centre, et aboutir aux deux surfaces opposées de sa superficie, précisément semblable à l'axe ou essieu qui traverse le moyeu d'une roue.

Le temps que l'on nomme Midi dans chaque contrée est celui où le soleil, dans le cours de sa révolution journalière, se trouve parvenu sous le méridien qui traverse cette contrée. Le Méridien est un cercle qui sépare le monde en deux moitiés, et que l'on conçoit passer par le pôle du monde, et par le pôle de l'horison, qu'il coupe en deux points diamétralement opposés ; ces deux points se nomment Septentrion et Midi, ou Nord et Sud. La partie du monde qui s'étend depuis l'équateur jusqu'au pôle arctique, se nomme septentrionale ou boréale, ou la partie du Nord ; l'autre moitié du globe se nomme méridionale ou australe, ou la partie du Sud.

L'horison est le cercle qui sépare la moitié du

ciel visible de l'autre moitié qui ne l'est pas. Il sert à marquer le lever et le coucher des astres. Le point de l'horison auquel le soleil paraît répondre à l'instant de son lever, les jours des équinoxes, est ce qu'on appelle le vrai Orient. Le point du même cercle diamétralement opposé, se nomme l'Occident vrai : ces deux points forment avec le Septentrion et le Midi, les quatre points Cardinaux.

Il y a autant d'horisons qu'il y a de points sur la superficie du globe terrestre : mais il faut qu'il y ait une certaine distance entr'eux, pour que leur différence soit sensible.

Les Tropiques sont deux cercles inférieurs à l'équateur, dont ils sont éloignés de 28 degrés 29 minutes. Il y en a deux, celui du Cancer ou de l'Écrevisse, placé dans la partie septentrionale ; et celui du Capricorne, placé dans la partie méridionale.

Les cercles pôlaires sont des cercles éloignés des pôles du monde, de 23 degrés 20 minutes, ainsi que les tropiques le sont de l'équateur.

Les tropiques et les cercles pôlaires séparent le ciel en cinq bandes ou zones, dont une torride, deux tempérées et deux glaciales. On nomme zone torride ou brûlée, l'espace compris entre les deux tropiques ; ceux que renferment les tropiques et les cercles pôlaires s'appellent zones tempérées. Les zones glaciales sont comprises entre les cercles pôlaires et les pôles.

On nomme Climat un espace de terre compris entre deux cercles parallèles à l'équateur. Les climats se partagent en climats d'heures et en climats de mois. Un climat d'heure est celui dont le jour est plus long d'une demi-heure en sa fin que dans son commencement. Le climat de mois est celui dont le plus grand jour est plus long d'un mois en sa fin que dans son commencement.

La latitude est la distance qu'il y a depuis l'équateur à un lieu proposé ; elle est ou septentrionale ou méridionale, et se compte sur le méridien.

La longitude est la distance qu'il y a depuis le premier méridien fixé à l'île de Fer, la plus occidentale des îles Canaries, jusqu'à un lieu proposé. Elle se compte toujours d'Occident en Orient sur l'équateur, ou sur un cercle parallèle à l'équateur.

GÉOGRAPHIE HISTORIQUE.

La géographie historique est la description des lieux où se sont passés les événemens rapportés par l'histoire ; elle en indique la situation ; elle marque les distances qui les séparent ; elle se divise en géographie politique, géographie sacrée, et géographie ecclésiastique.

Géographie politique.

La géograpie politique est la description des parties de la terre, distinguée par différentes limites que l'ancienne possession, les conquêtes ou les traités de paix ont assignées aux différentes nations qui les habitent. Les diverses formes du gouvernement donnent des noms différens aux parties de la terre que décrit la géographie politique.

On nomme Empire, un état gouverné par un Prince qui porte le titre d'Empereur ; Royaume, celui qui est sous la domination d'un Roi ; République, celui qui est gouverné par l'autorité de plusieurs ; République aristocratique, celle qui est régie par un certain nombre de nobles choisis ; République démocratique, celle où la puissance souveraine est exercée par le peuple.

Toute souveraineté est élective ou héréditaire. On appelle un état électif, celui où tout le peuple, ou seulement les grands, choisissent le Souverain. Un état héréditaire est celui où la puissance souveraine est confiée aux rejetons d'une seule famille qui se succèdent par droit d'hérédité, sans avoir besoin du consentement ou de la confirmation des sujets, qui sont dans l'obligation légitime de reconnaître son autorité.

On donne généralement le nom de Puissance à toute Domination, Empire, Royaume, ou République.

Les pays dépendans de chaque état se subdivisent en Provinces et Gouvernemens commandés par un chef qui tient son pouvoir du Souverain.

On donne le nom de frontières à toutes les extrémités des états, et celui de limites à toutes les extrémités des provinces contenues dans ces états. Les provinces limitrophes sont celles qui ont des limites communes.

On distingue le genre humain en diverses sortes de peuples, dont la manière de vivre caractérise la différence.

On nomme peuples policés et civilisés, les nations qui vivent sous un gouvernement quel qu'il soit, et qui observent des lois qu'elles ont adoptées ou qu'elles se sont prescrites. On appelle barbares ou sauvages, les nations qui n'ont aucune forme de gouvernement. On appelle peuples errans et vagabonds, les nations qui n'ont aucune demeure fixe, et qui parcourent en corps certaines parties de la terre, telles que les Tartares Asiatiques et les Sauvages de l'Amérique. On nomme peuples dispersés, ceux qui, n'ayant aucune contrée qui leur soit affectée, sont répandus dans les différentes parties de la terre, et composent cependant une nation distincte des peuples parmi lesquels ils vivent : tels sont en Asie les Guébres ou les anciens Perses,

adorateurs du feu, et sur-tout les Juifs, qui for-
meraient aujourd'hui une nation très-nombreuse,
s'ils étaient rassemblés de toutes les différentes
parties de la terre qu'ils habitent.

Géographie sacrée.

La géographie sacrée est la partie de cette
science qui se borne à la description des différentes régions de la terre qui peuvent avoir
quelque rapport à l'histoire sacrée des Juifs et
des Chrétiens.

Géographie ecclésiastique.

La géographie ecclésiastique est la description
du monde chrétien, partagé en différentes juri-
dictions ecclésiastiques, telles que sont les
Patriarchats, les Diocèses, les Archidiaconats,
etc. Cette division n'a lieu que dans la géographie
du moyen âge et dans la géographie moderne.

La géographie, considérée comme description
du globe, se distingue suivant le temps où l'on
suppose que cette description a été faite. On
assigne trois âges à la géographie. Le premier
âge est celui de la géographie ancienne ; la
géographie du moyen âge lui a succédé ; et la
géographie moderne a servi d'éclaircissement
aux deux précédentes.

La géographie ancienne est la description de
la terre, telle que l'ont connue les hommes
depuis le moment de la création jusqu'à la
décadence de l'Empire romain.

La géographie du moyen âge est la description
actuelle de la terre, tracée depuis la décadence de
l'Empire jusqu'au renouvellement des Lettres.

La géographie moderne est la description
actuelle de la terre, depuis le renouvellement
des lettres jusqu'à présent.

LES DEUX FRÈRES.

Un beau jour de printemps, M. Duval était allé promener avec son fils Louis à Valfontaine ; ils entrèrent dans la maison de Joseph Laumont, à qui M. Duval avait à parler.

Joseph était un vieillard bien respectable : sa physionomie portait l'empreinte de ses longues vertus. M. Duval le salua affectueusement. Ils s'entretinrent de leurs affaires ; et, pendant ce temps, Louis regardait le vieillard ; ou bien, il s'approchait de la fenêtre, pour considérer le beau paysage que l'on découvrait de là.

Après quelques momens, la conversation devint générale, et Louis écouta. M. Duval se mit à dire : « bon vieillard, vous me paraissez » bien heureux. — Oh, oui, j'ai mille grâces à » rendre à Dieu ; il m'a accordé tant de faveur : » cependant, j'ai aussi ma part d'afflictions ; la » vie humaine est un chemin où chacun ren- » contre plusieurs épines. »

A peine achevait-il ces mots, qu'on vit entrer dans la chambre un petit enfant tout déguénillé ; criant : « grand papa, s'il vous plaît, du pain !

» Pauvre petit » ! dit tout bas Joseph. Et on le vit courir aussitôt au buffet voisin, en tirer un grand morceau de pain qu'il donna au petit Charles, et le petit Charles le manger avec avidité, en remerciant son grand-père : et celui-ci répétait encore, « pauvre petit ! »

Cette scène étonna M. Duval ; qui dit au vieillard : » c'est votre petit-fils. » Le vieillard

répondit : « oui, Monsieur ; quand il sera sorti,
» je vous parlerai de son père et de lui. »

Charles s'en étant allé, Joseph commença
son récit en ces termes :

« J'ai eu deux fils ; tous deux vivent encore :
l'un fait mon bonheur, et chaque jour je bénis
le ciel de me l'avoir donné ; l'autre fait mon
tourment » (Le vieillard s'arrêta, une larme
tombait sur ses joues : il regarda Louis, comme
pour lui dire, cette larme d'afflictions m'a été
arrachée par les chagrins que me donne l'un de
mes enfans. Et Louis regarda son père avec
émotion, comme pour lui dire à son tour : mon
bon papa, je tâcherai de ne jamais vous en faire
verser de semblables.)

Joseph continua : « l'aîné de mes fils montra
dès son enfance d'heureuses dispositions ; il
était bon , doux, complaisant, il se faisait
aimer de chacun ; il était actif, laborieux ;
jamais on n'eut besoin de l'exciter au travail ; il
était sur-tout obéissant.

» Antoine, (c'était son nom) en croissant en
âge, croissait aussi en sagesse ; il n'avait pas de
plus grand plaisir que de nous contenter, ma
femme et moi ; jamais sa joie n'était aussi
grande que lorsqu'il avait obtenu quelques
paroles de tendresse de notre part.

» Heureux l'enfant dont les parens peuvent
dire : *il fait notre bonheur* ; nous pouvions
le dire de notre Antoine. Aussi la bénédiction
de Dieu reposa sur lui, comme elle repose sur
tous les enfans vertueux, qui s'étudient à plaire
aux auteurs de leurs jours.

» Pendant toute sa jeunesse, Antoine suivit
exactement nos conseils, il les recherchait avec
empressement, sachant bien qu'il n'était pas en
état de se diriger lui-même. C'est un exemple

que tous les enfans devraient suivre, et dont ils se trouveraient bien, comme notre fils aîné qui en éprouve tous les jours encore les heureux effets.

« Antoine m'accompagnait aux champs, et nous y travaillons l'un et l'autre avec bien de l'ardeur ; puis, nous revenions à la maison, et nous avions tant de plaisir à partager le repas simple que nous avait préparé ma bonne Marguerite, ma chère femme. »

Au ton dont Joseph prononça ces dernières paroles, M. Duval vit bien qu'une ancienne plaie se r'ouvrait dans le cœur du vieillard, et qu'il avait rencontré en souvenir une des plus cruelles *épines de sa vie.* Il y eut un moment de silence ; après quoi, Joseph reprit d'un ton de voix toujours plus altéré : « ma pauvre femme, elle » n'est plus » ! Mais il regarda au ciel, et un peu de consolation parut descendre dans son cœur ; aussi prononça-t-il d'un ton plus ferme : « elle n'est plus ! mais Antoine me reste. »

« Oui, Monsieur, Antoine fait la consolation de mes vieux jours : les vertus de sa jeunesse, mûries par les années, portent maintenant leurs fruits en leur saison. Je le vois estimé de tous ceux qui le connaissent, et c'est une chose si douce pour un père : je le vois établi d'une manière avantageuse, uni à une femme qui l'aime tendrement : je le vois dans une aisance honnête, acquise par son travail ; car, s'il s'accoutuma de bonne heure à travailler, il n'en a pas perdu la précieuse habitude : je le vois père de trois enfans, deux garçons et une fille, tous trois charmans, et qu'il cherche à élever dans la religion et la vertu, afin qu'ils soient heureux comme lui. »

Le bon Joseph aurait voulu s'arrêter à ces mots

mots et finir là son histoire ; les tristes récits qui lui restaient à faire avaient peine à sortir de sa bouche. Aussi, pour les retarder de quelques momens, proposa-t-il à M. Duval de passer dans la chambre voisine.

Louis ne demandait pas mieux ; il avait entendu la voix de quelques enfans ; et lui, qui aimait tant les enfans, se réjouissait de voir ceux-là, qu'il pensait devoir être ceux d'Antoine.

En effet, c'étaient eux : et leur mère occupée à filer, et ces trois petites créatures courant autour d'elle avec l'expression de la joie, formaient le plus charmant tableau. M. Duval et Louis le considérèrent avec un vif intérêt : pour le bon vieillard, il ouvrit ses bras.... Et si on eût vu ces petits enfans s'y précipiter, en s'écriant : « grand papa ! grand papa ! » en lui prodiguant les marques de leur tendresse. Qu'il est touchant de voir les cheveux blancs du vieillard caressés par les tendres mains de l'enfance !

Après quelques momens passés dans cette société enfantine, M. Duval, son fils et Joseph repassèrent dans la première chambre : l'on vit aussitôt la physionomie du vieillard s'obscurcir, parce qu'il allait raconter ses chagrins. Il s'assit tristement ; puis, il dit :

« Antoine n'est pas mon seul fils, j'en ai un autre ; George..... (il s'arrêta un moment.) George est mon second enfant. Pourquoi, en prononçant son nom, ai-je tant à gémir ? Il n'eût tenu qu'à lui de répandre le bonheur sur mes derniers jours, comme son frère ; il ne l'a pas voulu. Dès son enfance, il annonça de funestes penchans : il était orgueilleux, et ne pouvait souffrir, je ne dirai pas seulement les reproches, mais même les conseils ; voilà ce qui l'a perdu. Il avait autant de paresse que d'orgueil ;

seconde source de ses égaremens. Non, jamais on ne pourra dire assez aux enfans de quelle importance est pour eux l'habitude du travail, de combien de vices elle les éloigne, combien d'avantages elle leur procure. Je ne cessais de le répéter à George; je m'efforçais de le lui faire sentir de mille manières. Mais il n'écoutait guères mes avis. Qu'en arriva-t-il? Ses mauvaises habitudes s'enracinèrent; les leçons de sa mère et les miennes furent perdues pour lui, et un jour,.... quel triste jour! un jour je vis que George nous manquait; je le cherchai de toutes parts; personne ne pouvait me donner de ses nouvelles; enfin, j'appris qu'il était parti pour s'enrôler; au moins l'avait-il dit à l'un de ses amis d'un village voisin, mais en lui taisant le lieu où il allait, le service où il comptait entrer. A cette nouvelle, ma pauvre femme fut désolée; et je dois attribuer au chagrin qu'elle ressentit alors, sa mort qui peu après..... »

Le vieillard fut contraint de s'arrêter de nouveau. Et pendant ce temps, Louis réfléchissait aux suites affreuses que peut avoir la mauvaise conduite d'un enfant sur le bonheur, et même sur l'existence des auteurs de ses jours.

Joseph recommença avec une agitation dont il avait peine à se remettre.

« Pendant six ans, je n'eus aucune nouvelle de George; toutes mes recherches sur son compte furent inutiles; j'ignorais absolument s'il était mort ou s'il vivait encore, l'orsqu'un soir, (c'était en 1698, le 28 novembre), un soir, dis-je, j'entendis frapper à ma porte. Je demandai : « qui est là »? On me répondit: « un fils repentant ». J'ouvris aussitôt, et c'était George; il se jeta dans mes bras, en disant « c'est votre fils corrigé. » — « Dieu le veuille»

Je répétai ces mots à deux ou trois reprises, levant toujours les yeux au ciel, et voici, quelques larmes coulèrent le long de mes joues, je ne savais pas encore si ce seraient des larmes de bonheur ou de peine.

» George s'assit au milieu de nous : « j'ai bien » souffert, nous dit-il, mais je suis corrigé ». J'aurais aimé qu'il eût dit ces derniers mots d'un ton un peu plus modeste ; cependant, je n'y fis pas trop d'attention ce moment-là.

» Il se mit à nous raconter ce qu'il avait vu dans ses campagnes, tous les dangers qu'il avait courus, les peines qu'il avait endurées : nous nous attendrissions à ses récits.

» Après quelques momens, je lui dis : » écoute » George, je veux bien oublier le passé, j'ou- » blierai tous les chagrins que tu nous a causés, » pourvu qu'à l'avenir..... ». Et il m'interrompit pour me faire toute sorte de protestations. J'aurais mieux aimé qu'il m'eût laissé achever.

» Je repris : « George, tu as plusieurs mau- » vaises habitudes : tu auras un peu de peine à » t'en défaire ; mais, avec le secours du ciel, tu » peux y réussir : prie Dieu, et il t'aidera. Prends, » à cette heure, la ferme résolution pe vivre » désormais au sein du travail, dans les prin- » cipes de la religion et de la vertu ». Il me le promit ; et, après plusieurs discours, il vint à nous apprendre qu'il était marié.. « Tu t'es marié » sans mon consentement » ? lui dis-je ; et me tournant vers son frère, je répétai : « il s'est » marié sans mon consentement » ! Mais Antoine s'approcha de moi, en me priant de pardonner à son frère : j'en sus bon gré à Antoine.

« Où est ta femme », dis-je à George. — » Elle » m'attend dans la maison de Nicolas. » — « Va » la chercher. »

» Pendant son absence, Antoine me dit : » mon
» père, il faut espérer que George ne nous
» donnera plus que du plaisir ; aidons-le à re-
» devenir honnête homme. Il est marié ; notre
» maison est trop étroite pour le loger ; ache-
» tons-lui la maison d'André, avec les terres
» qui y sont attenantes : j'ai quelques petites
» épargnes que je consacrerai à cet objet ; et
» vous, mon père, vous voudrez bien faire le
» reste.

» Ceci mérite réflexion », lui repondis-je ;
» mais toujours je te loue pour ton bon cœur. »

» Comme j'achevais ces mots, George rentra
avec sa femme ; nous le reçûmes avec amitié.
Il fut arrêté, après quelques entretiens, que
nous leur achéterions la petite maison d'André,
et les terres qui en dépendent ; je m'y décidai,
parce que cette maison était à côté de la nôtre,
et qu'ainsi je pouvais surveiller la conduite de
George. Hélas ! qu'observai-je ? Dans les premiers temps, il parut corrigé ; mais ce chan-
gement ne dura guères ; bientôt ses mauvais
penchans reprirent le dessus, il abandonna le
travail : tant il est vrai qu'une habitude, prise
dès l'enfance, nous suit presque toujours le reste
de notre vie. Quel motif, M. Louis, pour n'en
contracter que de bonnes !

» George délaissa donc le travail, et comme
l'oisiveté conduit à toutes sortes de vices, il se
livra à l'ivrognerie, il négligea entièrement ses
affaires.

» George, était-ce là ce que tu m'avais
promis » ? Le vieillard ne put retenir cette exclamation, quoique son fils ne fût pas présent.

» Oh ! que n'ai-je pas dit à ce malheureux
enfant ! Que d'efforts n'ai-je pas faits pour le
ramener dans la bonne voie ! Mais écoute-t-il

mes conseils ! prête-t-il l'oreille à mes exhortations ! J'ai beau m'épuiser en remontrances ; il n'en tient compte ; il veut son malheur, il veut celui de sa femme, celui de ses enfans, celui de son pauvre père.

« Si de bonne heure il eût voulu me croire, si dès sa jeunesse il se fût habitué au travail, il ne serait pas maintenant dans la plus profonde misère ; car il y est, Monsieur. Et moi, qui ai déjà dépensé pour lui tant d'argent, je ne puis pas en retrouver sans cesse ; d'ailleurs, qu'en ferait-il ? Nous nous bornons, Antoine et moi, à rendre des secours à sa femme, à prendre soin de ses enfans : déjà l'aîné est avec nous (il est allé ce matin à Belmagne, faire une commission) ; le second est celui que vous avez vu me demander du pain, nous comptons nous en charger aussi dans un mois ; et nous ferons notre possible, pour que l'un et l'autre ne ressemblent pas à leur malheureux père. Dieu veuille bénir nos efforts ! »

Ici le vieillard s'arrêta : sa voie était émue ; son récit avait r'ouvert toutes les blessures de son cœur. M. Duval lui serra la main avec attendrissement, en répétant : » Dieu veuille bénir » vos efforts » ! Il ajouta l'instant d'après : « Dieu » veuille me donner un fils qui ressemble à votre » Antoine » ! Là-dessus, il laissa tomber ses regards sur Louis, et Louis leva les siens sur son père ; une vive émotion se peignait sur ses traits.

Cependant le vieillard avait la tête penchée sur sa poitrine ; son front était toujours obscurci de tristesse. Enfin il releva sa tête en se tournant vers Louis : « M. Louis, lui dit-il, voulez-» vous assurer le bonheur de toute votre vie, » prenez la ferme résolution de suivre, dès ce

» jour, les conseils de votre bon papa avec
» tout le soin dont vous êtes capable, de n'avoir
» jamais rien plus à cœur que de lui plaire. »

» Je le promets », s'écria Louis.

» Mais, penses-y, mon fils » : repartit M.
Duval ; » ce n'est pas une légère résolution
» qu'on te demande. »

—» Mon bon papa, c'est la résolution la
» plus forte ; je n'ai point de plus grand désir
» que de l'exécuter ». En achevant ces mots,
il se jeta dans les bras de son père. Il avait bien
envie d'embrasser aussi le vieillard ; celui-ci,
l'ayant vu, le pressa sur son sein.

M. Duval remercia Joseph du récit qu'il venait
de lui faire ; après quoi il reprit avec son fils
le chemin de leur demeure.

ÉDOUARD

ou

L'ENFANT GATÉ.

ÉDOUARD avait eu le malheur de perdre sa mère dès son bas-âge : son père, trop occupé pour veiller lui-même à son éducation, l'avait confié à une gouvernante recommandable à plusieurs égards, mais qui avait un caractère singulièrement faible, et qui montrait une tendresse aveugle pour l'enfant remis à ses soins. Celui-ci avait-il une volonté, elle se hâtait de le satisfaire : exprimait-il un désir, elle l'accomplissait sur l'heure.

Peut-on croire qu'Edouard fût heureux ? En le pensant, on se tromperait beaucoup. Oh ! non, il ne l'était pas. Quelque empressement que l'on mît à lui plaire, on n'était point encore assez prompt à son gré ; et puis, ses caprices nourris par une fatale complaisance, changeaient à chaque instant ; bientôt il fut très-difficile de les contenter tous, ou plutôt, la chose devint impossible.

Or, quand on était contraint de lui refuser quelque chose, on le voyait rougir de colère, et de grosses et laides armes coulaient le long de ses joues ; car les larmes de dépit ou d'humeur défigurent, on le sait, la plus aimable physionomie.

Ce pauvre Edouard, qu'il était malheureux d'être aussi mal élevé ! C'était fort dommage ;

car il avait plusieurs dispositions heureuses ; son caractère aurait été excellent, si l'on eût pris soin de le former ; il ne manquait ni d'agrémens ni de grâces ; et, quand il voulait être aimable, il l'était beaucoup.

Mais voici un nouveau malheur : lorsqu'il était de bonne humeur, et qu'il lui échappait quelque gentillesse, vîte il était prôné, et par les gens de la maison, et par les voisins ; c'étaient des éloges à n'en plus finir : ces éloges remplissaient son cœur du plus dangereux amour-propre.

Encore s'il n'eût été loué que pour des choses agréables et bonnes.., il y aurait eu déjà beaucoup de mal mais, ce qui était bien pis, c'est que souvent on le vantait pour des petites espiégleries très-déplacées, on le vantait, dis-je, parce qu'il y mettait quelque esprit. Funeste habitude de s'amuser d'un enfant, d'en faire un jouet, d'applaudir également le bien, le mal tout ce qui est accompagné chez lui de quelque frivole agrément !

Le caractère d'Édouard se gâtait de plus en plus, il était hautain, colère, emporté ; il ne pouvait souffrir la plus légère contradiction : ajoutons qu'il ne savait se plaire à nul objet, qu'il se dégoûtait incontinent de tout. Et voilà la suite de son éducation. Qui pourrait en désirer une semblable ? Aimerait-t-on que nos parens souffrissent nos défauts, qu'ils se prêtassent à nos désirs capricieux ? Oh ! non ; et on sent toute la reconnaissance qui leur est due, pour le soin qu'ils prennent de nous corriger de nos mauvais penchans, de former notre caractère.

Tant qu'Edouard n'avait vécu que dans la maison de son père, il avait trouvé des complaisances en grand nombre ; mais quand il dut en sortir pour aller au collège, la scène changea. Il porta au milieu de ses camarades son orgueil, son arrogance ; mais il fut bien surpris, en voyant qu'on ne voulait plus lui céder : son indignation égala son étonnement. Il rentra chez lui fondant en larmes, et dit à son père que les petits garçons avec lesquels il s'était trouvé étaient bien les plus sots petits garçons... Il fallut néanmoins retourner le lendemain près d'eux. Même ton de sa part, mêmes manières de la leur. Il revint plus mécontent encore que la première fois.

Il est inutile de dire tout ce qu'il eut à souffrir par un effet de ses dispositions funestes. On le haïssait ; on ne s'occupait de lui que pour l'humilier. Si quelquefois, à force de prodiguer des friandises, il attirait quelques-uns de ses camarades, le moment d'après ils lui faisaient payer bien cher leurs complaisances passagères ; ils avaient toujours de nouveaux reproches à lui adresser sur son caractère insupportable.

Eh bien ! qui est-ce qui voudrait ressembler à Edouard ? Était-il heureux ? Non, sans doute : c'est ce dont on doit juger soi-même ; et si, par malheur, on se trouvait quelque trait de conformité avec lui, on doit prendre la bonne résolution de s'en corriger sans délai.

Il est cependant à propos d'ajouter que, dans le même collège où allait Edouard, se trouvait un jeune-homme nommé Charles. Ce dernier avait un excellent caractère ; il était doux, modeste, complaisant : aussi était-il aimé de chacun. Jamais il ne se joignait à ceux qui cherchaient à faire de la peine à Edouard : au contraire, il le plaignait sincèrement d'avoir des inclinations qui le rendaient malheureux, et il aurait bien voulu l'aider à s'en corriger. Il se rapprochait fréquemment de lui, pour voir s'il ne pourrait point lui donner quelque bon conseil ; mais presque toujours il en était rebuté.

Un jour cependant, (c'était une fois qu'Edouard avait montré plus de fierté que jamais, et qu'il avait reçu le plus d'affronts) un jour ce dernier, au retour d'une promenade, s'était jeté de dépit au pied d'un arbre, regardant fixément la terre, le front couvert de tristesse, et les joües encore emflammées d'un reste de colère. Charles s'approcha de lui : « Edouard, mon ami » ! lui dit-il. Edouard ne daigna pas le regarder.) « Mon bon ami » ! répéta-t-il. (Edouard leva pourtant les yeux.) « Mon cher Edouard, tu » n'es pas heureux.

    — » Qui te l'a dit ?

    — » Je le vois.

    — » Qu'est-ce que cela te fait ?

    — » Cela me fait beaucoup de peine : j'aimerais tant que tu fusses satisfait comme moi.

    — » Tu m'aimes donc ?

    — » En doutes-tu ?

    — » Et tu ne ressembles pas à tous les autres » qui sont si méchans ?

    — » Je suis bien fâché quand ils te chragrinent.

    — » Oh ! c'est qu'ils sont insupportables.

    — » Mais peut-être leur en donnes-tu quelquefois aussi sujet de t'irriter.

    — » Que dis-tu ? »

Charles voyant le front d'Edouard s'obscurcir de nouveau, ajouta du ton le plus affectueux : « mon ami, veux-tu que je t'apprenne à être constamment en bonne amitié avec eux ?

    — » Cela serait un peu difficile.

    — » Non pas, si tu le veux.

    — » Voyons, que vas-tu me dire ? »

L'air de douce bienveillance qui se peignait sur les traits de Charles, lui gagnait peu à peu le cœur d'Edouard : celui-ci paraissait assez bien disposé à recevoir ses avis. Charles commença : « écoute, mon ami, tant que tu auras l'air de » mépriser les autres, soit sûr qu'ils te mépri- » seront à leur tour ; tant que tu leur vanteras » les richesses de ton papa, ils chercheront à » t'abaisser ; tant que tu t'impatienteras avec » eux, ils se montreront impatiens avec toi ; » tant que tu te fâcheras au plus léger badinage » qu'ils t'adresseront, ils se plairont à t'irriter.

— » Et que faut-il donc faire ?

— » Ne jamais prendre un ton de fierté avec » eux ; tâcher de ne pas être de mauvaise » humeur, quand tu leur parles ; savoir sup- » porter quelque petite contradiction ; et puis, » veux-tu que je te dise tout ?

— » Oui, tout.

— » Eh bien ! il ne faut pas avoir trop » bonne opinion de toi » ; (la physionomie d'Edouard annonçait un peu d'impatience) : « il faut t'accoutumer tout doucement à croire » que d'autres peuvent avoir autant de mérite » ; (la physionomie d'Edouard changeait de plus en plus) : et Charles vit que ses petites instruc- tions allaient bientôt peut-être perdre tout leur effet ; il se hâta d'ajouter, en embrassant ten- drement Edouard : « ne te fâche pas, mon ami ; » je t'aime tant. »

Ces paroles d'amitié rendirent Edouard à lui- même ; d'ailleurs il était depuis si long-temps triste et chagrin, il avait tant d'envie de devenir plus heureux : après un court moment d'hési- tation, il s'écria : « je ferai comme tu m'as dit, » Charles ; mais promets-moi de me donner » toujours tes conseils.

— » Oui, de grand cœur, pourvu que tu » n'ailles pas en prendre de l'humeur.

— » Non, mon ami, tu verras. »

En effet, dès ce jour Edouard, suivant les avis de Charles, travailla à réformer son caractère. Il eut bien de la peine à surmonter ses mauvais penchans, qui étaient déjà fort enracinés : mais de quoi ne vient-on pas à bout avec une résolution sincère, et avec le secours de Dieu ? Peu à peu il se défit de la plupart de ses défauts : il acquit de précieuses qualités ; il devint modeste, d'orgueilleux qu'il était ; doux, d'emporté : il parut tout autre à ses camarades ; chacun revint à lui, ceux même qui lui avaient montré le plus d'éloignement, recherchèrent son amitié. Encouragé par ses succès, il continua à se corriger de ses inclinations vicieuses ; il devint heureux.

On doit donc travailler à l'être par les moyens qu'il employa.

ALEXIS.

ALEXIS.

LE jeune Alexis était fils du comte de St.-Marsan, homme extrêmement riche et jouissant d'un grand crédit. Il avait une des maisons les plus brillantes de France, un équipage superbe, de nombreux domestiques. La révolution étant arrivée, il se décida à émigrer. Il fallut qu'Alexis dît adieu à la belle maison, au parc, aux jardins de son père : il était bien triste, en les quittant.

M. de St.-Marsan eut le malheur de perdre en route sa femme, qui ne put résister aux fatigues du voyage. Il se rendit à l'armée, laissant son fils à un domestique en qui il avait toute confiance, et qui se nommait Robert.

Le comte fut tué dans un combat au milieu de la mêlée. Le lâche, le scélérat Robert s'occupa à rassembler les débris de la fortune de son maître, au nom de son fils ; et, quand il eut tout, il abandonna ce dernier.

Pauvre Alexis ! Le voilà seul, sans guide, sans ressources, âgé seulement de sept ans. Qu'on se mette un moment à sa place, et l'on se fera une idée de son désespoir.

Il ne tarda pas à ressentir les tourmens de la faim. Errant à l'aventure, il arriva près d'une chaumière, sur les bords d'un joli petit ruisseau. Trois enfans, pleins de santé, de gaieté et de force, étaient devant la cabane : l'un d'eux mangeait avec appétit un gros morceau de pain. Alexis aurait bien voulu en avoir une petite portion ; mais, demander du pain ? Il ne pouvait s'y résoudre. Tandis qu'il était incertain sur le parti qu'il avait à prendre, il tomba à terre, épuisé de fatigue et d'inanition.

Les trois enfans de la ferme accoururent auprès de lui. Jeannot se mit à lui parler le premier : « Not' biau monsieu, lui dit-il, vous » êtes ben las. »

Alexis ne répondit rien.

« Comme il est pâle, le p'tit monsieu ! dit Georgette ; est-il malade ? »

Alexis fit signe que oui.

« Oh ! ben », s'écria Marcel, « faut le dire à not' père. »

Guillaume qui faisait les foins dans une prairie voisine, arriva sur ces entrefaites. » Père, lui dirent les trois enfans à la fois : « voyez le » p'tit monsieu, il est malade. »

« Eh ! qu'avez-vous, not' p'tit ami » ? lui demanda Guillaume.

— « Je crois..... que je n'ai rien mangé..... » depuis hier.

— « Il a faim, le pauvre p'tit. Marguerite, » Marguerite, apporte du lait, apporte vîte. »

Et Marguerite entendit, depuis la ferme, les paroles de son mari ; elle se hâta d'apporter du lait. « Le pauvre cher enfant » ! s'écria-t-elle. Alexis but du lait ; comme il le trouva bon ! « Le p'tit monsieu mangerait-il de not' pain » ? Il en prit un morceau. « Venez cheux nous », ajouta Marguerite ; « nous allons dîner tout à » l'heure ». En effet, le dîner ne tarda pas à être servi ; on apporta une bonne soupe, un gros plat de choux, du lard : Alexis avait si faim ; il trouva tout si bon : ah ! jamais, dans les somptueux repas de son père, il n'avait eu taut de plaisir à dîner. Cependant, la crainte qu'il ne se fît du mal en mangeant trop, engagea Marguerite à desservir plutôt qu'elle ne l'aurait fait. Après le dîner, on causa avec le petit monsieur.

« Et d'où vient donc, pauvre p'tit, que vous » v'là tout seul par cheux nous ! »

Il raconta son histoire avec naïveté ; car l'accueil de ces bonnes gens avait gagné son cœur.

« Ah ! c'est ainsi qu'il vous avaient traité, ce » méchant homme, ce vilain Robert », s'écria Guillaume : « ne croyez pas que tous les hommes » ne soient de sa trempe, au moins ; il y en a qui » ont encore un p'tit brin d'ame ; et, par » exemple, nous ne sommes pas de roche, nous » autres. Croyez-moi, mon p'tit monsieu, restez » cheux nous ; quand vous le pourrez, vous » travaillerez un tantinet ; en attendant, vous » mangerez à not' table, à vot' appétit. »

Alexis se tut. Dira-t-on ce qui se passait dans son ame ? Quoique vivement touché de l'accueil de ses hôtes, il ne pouvait se résoudre à se fixer dans cette pauvre chaumière, pour travailler à des occupations manuelles. Guillaume devina sa pensée : « c'est égal not' p'tit monsieu, lui » dit-il, si vous ne restez pas avec nous, nous » ne vous en aimerons pas moins. Peut-être » trouverez-vous à loger chez queuque richard, » je le désirons bien. Ecoutez donc, je m'en » vais vous dire ; faites, si vous le voulez, une » tournée de queuques jours ; et, si vous ne » trouvez rien de mieux, revenez cheux nous, » je vous demandons la préférence. »

Alexis, vivement ému, ne put retenir ses larmes.

« Pardon, mon p'tit monsieu, si je ne vous » offrons pas un hôtel comme celui de monsieu » vot' père : mais c'est impossible : et puis, » voyez-vous, on dort pourtant ici, et l'on y » est peut-être aussi gai qu'ailleurs. »

Alexis accepta la proposition de ces bonnes gens et se décida à rester chez eux. Jeannot et Georgette et Marcel poussèrent des cris de joie ; « nous aurons le p'tit monsieu ; il ide- » meurera cheux nous ! »

Et Marcel alla lui chercher le petit agneau avec lequel il s'amusait tant. Georgette voulut lui montrer la petite baratte où elle battait du beurre pour elle et ses frères, quand elle avait été bien sage. Jeannot lui fit voir la pelle avec laquelle il labourait déjà son petit coin de jardin.

La soirée se passa très-agréablement pour Alexis : chacun lui montrait tant d'amitié ; il s'attachait si fort aux bonnes gens de la chaumière.

La nuit vint : Guillaume fit la prière, et toute la famille l'écouta avec le plus profond recueil- lement. On se souhaita le bon soir. Alexis alla se coucher ; il dormit tout d'un somme. Le len- demain, en s'éveillant, il se dit à lui-même : « aurais-je pu croire que je dormirais aussi bien » ici ? Ah ! je le vois, il ne faut pas tant de » choses pour être heureux ». Il aurait ajouté, s'il eût été plus grand, et qu'il eût eu plus d'ex- périence : « il ne faut pas tant de choses pour » être heureux, quand de bonne heure on s'ac- » coutume à se passer du superflu. »

Vers les huit heures, Marcel lui dit : « p'tit » monsieu, voulez-vous venir au pré avec moi» ? — « Si je le veux ». — Et Marcel en chantant, et Alexis en lui donnant la main s'acheminèrent vers la prairie : le reste de la famille y était déjà. On coupait les foins ; la récolte était si belle ; Guillaume était si content, Marguerite ne l'était pas moins : tous les enfans s'aidaient chacun suivant son âge ; l'un avait le râteau en main, l'autre la fourche ; Alexis eut honte de rester seul les bras croisés, il prit un râteau.

« Ah ! v'là not' p'tit monsieu à l'ouvrage »,
dit Marguerite. Quand il vit qu'on faisait attention à lui, il travailla avec zèle ; il avait un
peu chaud ; mais le plaisir d'être utile en quelque
chose lui faisait presque oublier ce petit désa-
grément. Le moment vint où l'on s'assembla
pour dîner : avec quel plaisir il s'assit et fixa
le bon plat de légumes dont il était impatient
d'avoir sa part. Vers la fin du dîner, Georgette
chanta :

> Quand nous avons ben travaillé,
> Ah ! qu'il est bon notre dîné !
> Certains richards disent que non ;
> Mais moi, je dis : ah ! qu'il est bon !

« N'est-il pas vrai, monsieur Alexis », ajouta-
t-elle ?

« Oh ! oui, Goergette. »

Le reste de la journée se passa à travailler
gaiement. Alexis s'accoutumait à sa situation
nouvelle, avec une facilité singulière.

Ainsi s'écoulèrent trois mois. Au bout de ce
temps, on vit paraître à la ferme un homme qui
demandait à voir Alexis ; on alla chercher celui-
ci ; il accourut, il regarda ; c'était Robert. « Ah !
» c'est lui » ! s'écria-t-il avec un mouvement
d'effroi, et il se sauva auprès de Guillaume ; il
avait une sorte de peur de Robert, après le mal
qu'il lui avait fait. Celui-ci lui dit, les larmes
aux yeux : « ne craignez rien, mon jeune
» maître. » Guillaume regardait l'étranger ,
Marguerite le regardait aussi, tous les enfans
le fixaient, on ne savait trop que se dire. Robert
continua : « je le vois, vous me haïssez tous. »
— « Nous ne haïssons personne », répondit Guillaume, « mais nous plaignons les coquins, »

A ces mots, l'étranger pâlit; il sentait qu'il n'avait que trop mérité ce nom. Oh! que c'est une terrible chose que d'avoir commis une méchante action! On n'ose pas regarder l'homme de bien en face; et sur-tout on est tourmenté au fond de son ame. Robert l'éprouvait bien en ce moment.

Il y eut un long silence dans la chaumière; personne n'osait le rompre. Enfin, l'étranger reprit la parole: « n'y a-t-il point de pitié pour » le coupable repentant »? il disait cela d'un ton si vrai, si pénétré! Guillaume répondit: « il » y a de pitié pour celui qui pleuriont sa faute. » et sur-tout pour celui qui la répariont. » Il appuya sur ce dernier mot, en regardant Robert. Celui-ci se hâta d'ajouter: « oh! oui, je la » réparerai autant qu'il est en mon pouvoir. » Et il sortit de sa poche un sac rempli de pièces d'or; les répandant sur la table, il dit à Alexis: « mon jeune maître, c'est votre bien; reprenez- » le vîte; il m'a cruellement tourmenté. »

Toute la famille se rapprocha un peu de Robert, quand on vit qu'il redevenait honnête homme; car jusque-là on l'avait laissé dans un coin de la chaumière, à une grande distance, tant on avait peur d'avoir la moindre communication avec lui! Il s'aperçut de ce mouvement et fondant en larmes, il s'écria: « me rendez- » vous votre pitié. »? Puis il se mit à raconter son histoire; il dit comment, dans des jours d'égarement, il s'était porté au plus grand des crimes, comment il avait réussi à s'emparer de la fortune d'Alexis, et comment Dieu l'avait châtié; il avait été atteint d'une maladie fort dangereuse: sa conscience s'était alors réveillée avec force, il avait senti toute l'horreur de son action dès qu'il avait été guéri, il s'était mis

chercher son jeune maître par-tout ; il avait eu
ien de la peine à le trouver ; il était trop
eureux de l'avoir enfin rencontré dans le
haumière.

Après avoir achevé son récit, il posa sur la
able un porte-feuille : « voici encore votre
) bien, mon cher maître », dit-il.

Il y eut un nouveau silence dans la cabane ;
ais cette fois on apercevait sur les visages
n peu plus de satisfaction ; on y découvrait
ême quelque bienveillance pour l'étranger.
lexis fut le premier à s'approcher de lui : « il
) ne fallait pas te sauver avec l'argent de papa »,
ui dit il, « car j'ai bien eu faim : mais cela te
fait de la peine à présent ; il ne faut plus y
penser ». — Excellent enfant » ! s'écria Robert
n tombant à ses genoux. Ce mouvement fut si
rusque, qu'Alexis en eut quelque frayeur ; mais
uand il vit que Robert avait les larmes aux
eux, il lui dit : « ne pleure pas, je t'aime
) encore » ; et il l'aida à se relever.

« Bonne p'tite ame ! » s'écria Marguerite.

« Ah ! ça », dit Guillaume, ce n'est pas
) tout ; voici M. Robert qui redeveniont hon-
) nête homme : Dieu le bénisse ! » (et il lui
ira le chapeau que jusque-là il avait gardé sur
a tête ;) « mais encore faut savoir ce que de-
) viendra not' cher p'tit monsieu ; son père
) n'aviont-il rien ordonné à son égard ? » L'é-
ranger tira de sa poche une lettre et la remit à
uillaume ; celui-ci la rendit à Jeannot, afin
u'il en fît la lecture : chacun se disposa à
écouter avec attention : c'était une lettre de M.
e comte.

« Mon cher Robert », écrivait-il, « je suis
) blessé, je m'en vais mourir ; et mon pauvre
) Alexis resteja seul en ce monde » ! (Alexis qui.

s'était approché de Jeannot, afin de suivre tous les mots de cette lettre chérie, fondait en larmes.) « Mais le père des orphelins, mais » Dieu sera avec lui ; et Robert ne l'abandonnera » jamais.... »

(Celui-ci cacha son visage entre ses mains.)

« Il l'avient pourtant indignement volé ! » Ces mots échappèrent à *Georgette* qui en eut bien du regret ; car ils achevèrent d'accabler Robert. Elle ajouta bien vîte : « excusez nous, » monsieu, vous n'êtes plus cet homme-là. »

« Je te le recommande au nom de ce qu'il » y a de plus sacré. Dès que tu auras reçu cette » lettre, pars ; rends-toi auprès de M. de Val- » ville, mon intime ami ; prie-le de conduire » Alexis dans l'institut de M. Giraud : ce digne » homme l'élevera dans l'amour de la religion » et de la vertu.

» Cher Alexis, reçois la bénédiction de ton » père. Crains Dieu, remplis tes devoirs, et tu » vivras heureux, et tu mourras tranquille.

» Adieu, cher enfant, je m'en vais... Adieu, » Robert.

» Le Comte de St.-Marsan. »

Chacun fondait en larmes dans la chaumière : Alexis s'était emparé de la lettre de son père, et ne pouvait en détacher ses regards. Quand on fut un peu remis de cette vive émotion, Guillaume dit : « n'y a pas à hésiter ; faut » remplir les volontés de M. le Comte : pauvre » p'tit, faut nous quitter. » — « Nous quitter » ! reprit amèrement Alexis. » — « Nous quitter » ! répéta tristement Marcel, et après lui, tous les habitans de la ferme.

Cette soirée fut des plus tristes ; elle se passa en témoignages de tendresse de la part de

Guillaume et des siens, en témoignages de reconnaissance de la part d'Alexis, en témoignages de repentir de la part de l'étranger. Le souper se prolongea bien avant dans la nuit ; on ne pouvait se séparer.

Au milieu de la conversation, Marguerite vint dire à l'oreille de son mari : « notr' homme « faudra-t-il préparer un lit à M. Robert ; gnia- » t-il rien à craindre ? » — « N'aye peur, chère » femme » lui répondit Guillaume, « il s'étiont » bien régénéré. »

Il fallait serrer les pièces d'or qui étaient toujours sur une table. Alexis voulait les donner à Guillaume : celui-ci les refusait absolument. « Au moins la moitié, je vous en conjure ». — « Pas une ; cher p'tit ; ce n'étiont pas par » intérêt que je t'avions gardé cheux nous ». Alexis insistait toujours ; Guillaume refusait plus fortement. « Et bien » ! dit le premier, « vous » ne voulez rien de moi » ? et les larmes lui venaient aux yeux. — « Si fait, cher p'tit ; ne » pleure pas ; ça me fend le cœur. » — » Que » puis-je donc faire pour vous, cher Guillaume ? » — « Revenir cheux nous une fois chaque année » au moins, si tu le pouvions. Et Marguerite te » feront la bonne omelette aux herbes que » t'aimes ben ; et puis, nous tous, grands et » p'tits, nous serons tant réjouis de te revoir. » — « Oh ! oui, je reviendrai ; je serai trop heureux. »

Enfin, on alla se coucher. Qui dormit dans la ferme ? Ce ne fut pas Guillaume, ni Marguerite, ni Alexis, ni personne. A trois heures du matin, chacun était déjà sur pied.

Alexis pleurait ; il ne pouvait se résoudre à partir.

« Du courage, not' p'tit monsieu », dit Guillaume, « je ne souffrions pas moins que vous. »

Le moment pénible arriva ; il fallut quitter la chaumière. Robert, Alexis et Guillaume partirent ; car Guillaume devait être du voyage. Marguerite et les enfans les accompagnèrent loin, bien loin. Que de fois on se dit adieu ! Puis, que de fois on retourna la tête ! Enfin ! on ne put plus se voir.

Et quatre jours après nos trois voyageurs arrivèrent chez l'ami de M. le comte : on lui remit le petit orphelin. Guillaume le quitta ; ce fut une nouvelle séparation extrêmement douloureuse. Peu après, M. de Valville conduisit Alexis dans la pension où son père désirait qu'il entrât.

Chaque année, Alexis revint visiter ses hôtes de la ferme. Avec quelle impatience il attendait ce moment ; avec quelle joie il reconnaissait le ruisseau, la prairie appartenant à ses amis ; avec quelles délices il se jetait dans les bras de Guillaume, de Marguerite, de leurs enfans !

Son séjour dans cette chaumière lui fut fort utile ; il y puisa des goûts simples ; il y apprit qu'on peut vivre heureux avec l'amour du travail, sans de grandes richesses.

SAINVAL ET GERVAIS.

ANECDOTE FRANÇAISE.

LES nœuds d'une tendre amitié unissaient les jeunes Sainval et Gervais : mêmes goûts, mêmes amusemens. Occupés de ces douces affections dont l'ame est susceptible, ils passaient les jours les plus heureux. Un matin qu'ils étaient ensemble dans un bois à cueillir des noisettes, Gervais aperçut un nid d'oiseau. Embrasser l'arbre, grimper sur la branche, fut l'ouvrage d'un instant ; il satisfait son envie, et le voilà possesseur de quatre oiseaux que l'inexpérience rendait encore timides. Pendant qu'il cherchait les moyens de descendre sans les faire périr, un loup affamé vient droit à Sainval, qui jette un cri ; Gervais voit le danger, et, quoique persuadé qu'il ne risque rien sur l'arbre, il se laisse glisser pour secourir son ami. Il saisit un caillou : le loup furieux s'élance sur Sainval ; Gervais le prévient, enfonce son bras dans la gueule de l'animal, et le tient en respect en serrant fortement sa langue, tandis que Sainval perce de son couteau le loup qui expire.

Sainval témoigne, par ses caresses, sa reconnaissance à son ami. Tous deux traînent leur proie à la ville. On s'assemble de toute part pour apprendre leur aventure. Le récit détaillé qu'ils en font, arrache des larmes de sentiment de tous les spectateurs. Gervais se dérobe bientôt aux applaudissemens qu'on donne à sa bravoure, retourne au bois chercher ses oiseaux, les retrouve, et joue autour de la cage qui les renferme.

ANECDOTE ANGLAISE.

IL se passa dit-on , en Angleterre, une scène assez plaisante entre un honnête cordonnier et un gentilhomme, prétendant à être nommé député au parlement. Celui-ci d'un air fort humble entre dans la boutique de l'artisan, qui lui demande d'un ton fort brusque de quelle affaire il s'agissait : « De me rendre un petit service, » répondit le gentilhomme, il ne me manque » plus qu'une voix pour être élu , et je vous prie » de m'accorder la vôtre. — Oh bien ! si cela est, » reprit le cordonnier, en lui présentant une » escabelle , asseyez-vous là , causons ensemble » et voyons un peu quel homme vous êtes..... » Vous buvez de la bière , n'est-ce pas ? en voilà » un pot déjà entamé ; nous le finirons de com- » pagnie. Allons, prenez mon verre : buvez à ma » santé , je boirai ensuite à la vôtre. » — « Qu'à » cela ne tienne , reprit le gentilhomme.... » En même temps il boit en faisant un peu la grimace. « Dieu me damne ! vous fumerez , car » je fume , moi , poursuivit l'artisan. » — « Eh » mais !.... comme vous voudrez » , répartit le candidat en dévorant son dépit...... D'un air assez gauche il allume sa pipe à celle de son nouveau camarade ; et les voilà tous deux en train de politiquer tout à leur aise. Enfin, le protecteur , fort content d'avoir fait passer son protégé par toutes sortes d'humiliations, le congédie sans façon. « Sortez sur-le-champ de » chez moi, lui dit-il, et ne comptez pas sur mon » suffrage ; je me respecte trop pour le donner » à un homme qui se respecte si peu, et qui » cherche à s'élever par tant de bassesses. »

RÉCIT

RÉCIT DE LA MORT D'HIPPOLYTE.

(*Phèdre, tragédie de M. Racine,
act. V, scène VI.*)

C'EST THÉRAMÈNE QUI PARLE.

A peine nous sortions des portes de Trézènes ;
Il était sur son char. Ses gardes affligés
Imitaient son silence, autour de lui rangés.
Il suivait tout pensif le chemin de Mycènes ;
Sa main sur ses chevaux laissait flotter les rênes ;
Ses superbes coursiers, qu'on voyait autrefois
Pleins d'une ardeur si noble obéir à sa voix,
L'œil morne maintenant et la tête baissée,
Semblaient se conformer à sa triste pensée.
Un effroyable cri, sorti du fond des flots,
Des airs en ce moment a troublé le repos ;
Et du sein de la terre une voix formidable
Répond en gémissant à ce cri redoutable.
Jusqu'au fond de nos cœurs notre sang s'est glacé.
Des coursiers attentifs le crin s'est hérissé.
Cependant, sur le dos de la pleine liquide,
S'élève à gros bouillons une montagne humide.
L'onde approche, se brise, et vomit à nos yeux,
Parmi des flots d'écume, un monstre furieux.
Son front large est armé de cornes menaçantes ;
Tout son corps est couvert d'écailles jaunissantes.
Indomptable taureau, dragon impétueux,
Sa croupe se recourbe en replis tortueux ;
Ses longs mugissemens font trembler le rivage.
Le Ciel avec horreur voit ce monstre sauvage.
La terre s'en émeut, l'air en est infecté ;
Le flot qui l'apporta, recule épouvanté.
Tout fuit ; et sans s'armer d'un courage inutile,
Dans le temple voisin chacun cherche un asile.

Hippolyte lui seul, digne fils d'un héros,
Arrête ses coursiers, saisit ses javelots,
Pousse au monstre, et, d'un dard lancé d'une main sûre,
Il lui fait dans le flanc une large blessure.
De rage et de douleur, le monstre bondissant
Vient aux pieds des chevaux tomber en mugissant,
Se roule et leur présente une gueule enflammée,
Qui les couvre de feu, de sang et de fumée.
La frayeur les emporte ; et, sourds à cette fois,
Ils ne connaissent plus ni le frein, ni la voix.
En efforts impuissans leur maître se consume.
Ils rougissent le mors d'une sanglante écume.
On dit qu'on a vu même, en ce désordre affreux,
Un dieu qui d'aiguillons pressait leur flanc poudreux,
A travers les rochers, la peur les précipite,
L'essieu crie et se rompt. L'intrépide Hippolyte
Voit voler en éclats tout son char fracassé.
Dans les rênes lui-même il tombe embarrassé.
Excusez ma douleur. Cette image cruelle
Sera pour moi de pleurs une source éternelle.
J'ai vu, Seigneur, j'ai vu vôtre malheureux fils
Traîné par les chevaux que sa main a nourris.
Il veut les rappeler, et sa voix les effraie.
Ils courent. Tout son corps n'est bientôt qu'une plaie.
De nos cris douloureux la plaine retentit.
Leur fougue impétueuse enfin se ralentit.
Ils s'arrêtent non loin de ces tombeaux antiques
Où des rois ses aïeux sont les froides reliques.
Je cours en soupirant et sa garde me suit.
De son généreux sang la trace nous conduit.
Les rochers en sont teints. Les ronces dégouttantes
Portent de ses cheveux les dépouilles sanglantes.
J'arrive, je l'appelle ; et me tendant la main,
Il ouvre un œil mourant, qu'il referme soudain ;
Le Ciel, dit-il, *m'arrache une innocente vie.*
Prends soin après ma mort, de la triste Aricie.
Cher ami, si mon père un jour désabusé
Plaint le malheur d'un fils faussement accusé,
Pour apaiser mon sang et mon ombre plaintive,
Dis-lui qu'avec douceur il traite sa captive ;
Qu'il lui rende.... A ce mot, ce héros expiré
N'a laissé dans mes bras qu'un corps défiguré ;

Triste objet où des dieux triomphe la colère,
Et que méconnaîtrait l'œil même de son père.
. . . .
La timide Aricie est alors arrivée.
Elle venait, Seigneur, fuyant votre courroux,
A la face des dieux l'accepter pour époux.
Elle approche. Elle voit l'herbe rouge et fumante.
Elle voit (quel objet pour les yeux d'une amante !)
Hippolyte étendu, sans forme et sans couleur ;
Elle veut quelque temps douter de son malheur,
Et ne connaissant plus ce héros qu'elle adore,
Elle voit Hippolyte et le demande encore.
Mais trop sûre à la fin qu'il est devant ses yeux,
Par un triste regard elle accuse les dieux ;
Et froide, gémissante, et presque inanimée,
Aux pieds de son amant elle tombe pâmée.
Ismène est auprès d'elle. Ismène tout en pleurs
La rappelle à la vie, ou plutôt aux douleurs.
Et moi je suis venu, détestant la lumière,
Vous dire d'un héros la volonté dernière,
Et m'acquitter, Seigneur, du malheureux emploi
Dont son cœur expirant s'est reposé sur moi.

AVIS AUX MAITRES.

L'Allégorie de P. Brumoi, sur l'éducation, doit être la règle de la conduite des meilleurs Maîtres. Il compare le Maître d'éducation à un Oiseleur, et les enfans aux Oiseaux qu'on instruit. Il n'y a pas un trait dans toute la pièce qui ne justifie la justesse de la comparaison. Il adresse la parole à un maître.

Vous faites apprentissage
Dans le métier d'Oiseleur ;
Ce n'est pas un badinage,
Et cet art veut un docteur.

Oiseaux d'espèce diverse
Vont exiger votre soin ;
Souffrez que je vous exerce,
Et vous prépare de loin.

Les Oiseaux que l'on cajole,
Négligemment et sans art,
Pour fruit de ce soin frivole,
Chantent souvent au hasard.

Cet exercice pénible
Exige un talent heureux ;
Devenez, s'il est possible,
Oiseau vous-même avec eux.

Connaissez le caractère
De vos tendres Nourrissons;
L'Oiseleur qui veut bien faire,
Y conforme ses leçons.

Craint, si vous le voulez être,
Gagnez pourtant leur amour;
Ils savent trop vous connaître,
Et vous haïr à leur tour.

Par un éclatant ramage
Ne vous laissez point frapper;
Qui juge par le plumage,
Est sujet à se tromper.

Point d'injuste préférence;
Elle produit des jaloux;
Entre eux nulle différence,
Ils sont tous égaux pour vous.

Vous en verrez de volages,
Fixez-les adroitement;
Vous en verrez de sauvages,
Corrigez-les doucement.

Mais, par un air trop sévère,
N'aigrissez point leur humeur;
Il faut tempérer en père
La crainte par la douceur.

Il est une heureuse adresse
De faire goûter les lois,

N'armez jamais de rudesse
L'air, le geste, ni la voix.

Sur l'Oiseleur, quoi qu'il fasse
Le jeune Oiseau se conduit;
Et l'humeur du Maître passe
Dans l'élève qu'il instruit.

Un Oiseau dans l'esclavage
Regrette sa liberté;
Pour lui faire aimer sa cage,
Il veut être un peu flatté.

Qu'un esprit doux et sincère
Se prête à tous leurs besoins;
Vous leur tenez lieu de mère,
Vous leur en devez les soins.

Par un trop long exercice
N'effrayez pas vos Oiseaux;
Que votre leçon mûrisse
Dans leur débiles cerveaux.

La leçon, pour être utile,
Doit leur plaire en s'apprenant;
Et jamais un Maître habile
N'instruira qu'en badinant.

Faites-leur aimer la gloire
En des combats innocens;
Récompensez la victoire
De leurs timides accens.

Une faible récompense
Animera leur essor ;
D'un élève qui commence
Louez jusqu'au moindre effort.

Frustré de votre espérance,
Ne vous rebutez jamais ;
Le temps, la persévérance,
Amèneront le succès.

Peut-être, plein de colère,
Briserez-vous vos pipeaux ;
Mais tel qui vous désespère,
Peut répondre à vos travaux.

Apprenez que cette étude,
Où votre esprit s'est fixé,
Est des emplois le plus rude
Et le moins récompensé.

Mais du public avantage
Si votre cœur est épris,
Songez, Tircis, que le Sage
L'achète même à ce prix.

LES MAXIMES
De l'honnête Homme ou de la Sagesse.

Craignez un Dieu vengeur, et tout ce qui le blesse :
C'est là le premier pas qui mène à la sagesse.

Ne plaisantez jamais ni de Dieu , ni des Saints ;
Laissez ce vil plaisir aux jeunes libertins.

Que votre piété soit sincère et solide ,
Et qu'à tous vos discours la vérité préside.

Tenez votre parole inviolablement ;
Mais ne la donnez pas inconsidérément.

Soyez officieux , complaisant , doux , affable ,
Poli , d'humeur égale , et vous serez aimable.

Du pauvre qui vous doit n'augmentez point les maux;
Payez à l'ouvrier le prix de ses travaux.

Bon père , bon époux , bon maître sans faiblesse ,
Honorez vos parens , sur-tout dans leur vieillesse.

Du bien qu'on vous a fait soyez reconnaissant :
Montrez-vous généreux , humain et bienfaisant.

Donnez de bonne grâce : une belle manière
Ajoute un nouveau prix au présent qu'on veut faire.

Rappelez rarement un service rendu :
Le bienfait qu'on reproche , est un bienfait perdu.

Ne publiez jamais les grâces que vous faites ;
Il faut les mettre au rang des affaires secrètes.

Prêtez avec plaisir , mais avec jugement :
S'il faut récompenser , faites-le dignement.

Au bonheur du prochain ne portez pas envie :
N'allez point divulguer ce que l'on vous confie.

Sans être familier , ayez un air aisé :
Ne décidez de rien qu'après l'avoir pesé.

A la religion soyez toujours fidèle :
On ne sera jamais honnête homme sans elle.

Aimez le doux plaisir de faire des heureux,
Et soulagez sur-tout le pauvre vertueux.

Soyez homme d'honneur, et ne trompez personne :
A tous ses ennemis un cœur noble pardonne.

Aimez à vous venger par beaucoup de bienfaits :
Parlez peu, pensez bien, et gardez vos secrets.

Ne vous informez pas des affaires des autres :
Sans air mystérieux dissimulez les vôtres.

N'ayez point de fierté ; ne vous louez jamais :
Soyez humble et modeste au milieu des succès.

Surmontez les chagrins où l'esprit s'abandonne :
Ne faites rejaillir vos peines sur personne.

Supportez les humeurs et les défauts d'autrui :
Soyez des malheureux le plus solide appui.

Reprenez sans aigreur, louez sans flatterie :
Ne méprisez personne, entendez raillerie.

Fuyez les libertins, les fats et les pédans ;
Choisissez vos amis, voyez d'honnêtes gens.

Jamais ne parlez mal des personnes absentes :
Badinez prudemment les personnes présentes.

Consultez volontiers, évitez les procès :
Où la discorde règne, apportez-y la paix.

Avec les inconnus usez de défiance :
Avec vos amis ayez de la prudence.

Point de folles amours, ni de vin, ni de jeux :
Ce sont là trois écueils en naufrages fameux.

Sobre pour le travail, le sommeil et la table,
Vous aurez l'esprit libre et la santé durable.

Jouez pour le plaisir, et perdez noblement :
Sans prodigalité dépensez prudemment.

Ne perdez point le temps à des choses frivoles ;
Le sage est ménager du temps et des paroles.

Sachez à vos devoirs immoler vos plaisirs ;
Et pour vous rendre heureux modérez vos désirs.

Ne demandez à Dieu ni grandeur, ni richesse ;
Mais pour vous gouverner demandez la sagesse.

LA BELLE ÉDUCATION.

Par M. DE FÉNELON, *Archevêque de Cambrai.*

Rendez au Créateur ce que l'on doit lui rendre ;
Réfléchissez avant que de rien entreprendre.

Point de société qu'avec d'honnêtes gens ;
Et ne vous enflez pas de vos heureux talens.

Conformez-vous souvent aux sentimens des autres :
N'exigez que très-peu qu'on se conforme aux vôtres.

Faites attention à tout ce qu'on vous dit :
N'affectez point sur-tout de montrer trop d'esprit.

N'entretenez personne au-delà de sa sphère ;
Taisez-vous, ou tâchez d'être toujours sincère.

Tenez votre parole inviolablement ;
Ne vous engagez pas inconsidérément.

Soyez officieux, complaisant, doux, affable,
Toujours d'égale humeur, accessible et traitable.

Dans votre politesse, ayez un air aisé ;
Ne décidez de rien qu'après l'avoir pesé.

Aimez sans intérêt, pardonnez sans faiblesse ;
S'il faut être soumis, soyez-le sans bassesse.

Cultivez avec soin l'amitié de chacun ;
A l'égard des procès, n'en intentez aucun.

Soyez peu curieux des affaires des autres,
Et, sans rien affecter, cachez toujours les vôtres.

Prêtez de bonne grâce, avec discernement ;
S'il faut récompenser, faites-le sagement.

Et de quelque façon que vous puissiez paraître,
Que ce soit sans éclat, et sans vous méconnaître.

Compatissez toujours aux disgrâces d'autrui :
Supportez les défauts, soyez fidèle ami.

Surmontez les chagrins où l'espoir s'abandonne ;
Et ne les faites pas réjaillir sur personne.

Où la discorde règne, apportez-y la paix ;
Ne vous vengez jamais qu'à force de bienfaits.

Reprenez sans aigreur, louez sans flatterie,
Riez modérément, entendez raillerie.

Estimez tout le monde en sa profession ;
Et ne critiquez rien par ostentation,

Ne reprochez jamais les plaisirs que vous faites ;
Et mettez-les au rang des affaires secrètes.

Prévenez les besoins d'un ami malheureux ;
Sans prodigalité, rendez-vous généreux.

Modérez les transports d'une bile naissante ;
Et ne parlez qu'en bien d'une personne absente.

Fuyez l'ingratitude, et vivez sobrement ;
Jouez pour le plaisir, et perdez noblement.

Parlez peu, pensez bien, et ne trompez personne,
Et faites toujours cas de ce que l'on vous donne.

Ne tyrannisez point vos pauvres débiteurs :
A personne, en un mot, ne montrez de hauteurs.

Ne divulguez jamais ce que l'on vous confie ;
Au bonheur du prochain ne portez point envie.

Ne vous vantez de rien, gardez votre secret ;
Après quoi mettez-vous au-dessus du caquet.

ENVOI.

JE ne veux pas lasser ton oreille attentive ;
Je m'arrête. C'est peu que ces premiers avis ;
Mais, mon fils, que ton cœur s'en pénètre et les suive ;
Mes yeux, de tes progrès, seront bientôt ravis.

Commence seulement, commence avec courage ;
Des obstacles, enfin, tu seras triomphant.
Obtiens que l'Éternel bénisse ton ouvrage ;
Offre à Dieu tes efforts, et deviens son enfant.

Le matin, quand du lit tu sors avec l'aurore,
Le soir, quand le besoin t'invite au doux sommeil,
Dis-lui, du fond du cœur : « Dieu bon, Dieu que j'adore,
» Dirigez mon travail, mon repos, mon réveil. »

Ah ! si ton cœur est pur, si ton zèle est sincère,
Le ciel, n'en doute pas, exaucera tes vœux.
Oui, mon fils ; l'Éternel, touché de ta prière,
T'enverra le bonheur des enfans vertueux.

Dieu sait ce qu'il te faut beaucoup mieux que toi-même ;
Il te préservera de tout mauvais penchant,
Si tu te souviens bien que ce juge suprême
Doit couronner le juste et punir le méchant.

FIN.